超ラク！速ワザ！
エクセルの一発解決術

きたみあきこ

青春出版社

この本をあなたのパソコンの横に、
いつも置いておいてください。

エクセルで困ったとき、
必ず役に立ちます！

☐ めんどうな作業はエクセルに
　任せて、早く家に帰りたい！

☐ 企画を通す説得力のある
　グラフや資料をつくりたい！

☐ データから意味を読み取って
　分析できるようにしたい！

☐ 関数を使えばもっと便利にな
　るって聞いた。使いこなしたい！

この本は、このようなお悩みを解決し、

希望をかなえるために
つくられました。

「こんなこともできるのか！」

「もっと早く知りたかった……」と

感じていただける
"ワザ"が満載です。

本書をとことん利用し、

エクセル操作のスキルを上げて、

ビジネスを最大限に
効率化してください！

きたみ あきこ

超ラク！速ワザ！エクセルの一発解決術　もくじ

はじめに　3

第1章 これだけは知っておきたい エクセルの基本

- **01** エクセルを素早く起動したい　20
- **02** リボンがジャマ！より広い画面で作業するには　21
- **03** よく使う機能をボタンとして登録したい　22
- **04** エクセルの設定画面を表示するには　24
- **05** セルの設定画面を表示するには　25
- **06** 表の先頭や末尾に素早く移動したい　26
- **07** ワークシートにあるすべてのセルを一発選択！　27
- **08** 離れたセルを同時に選択したい　27
- **09** 広いセル範囲を正確に選択するには　28
- **10** 選択範囲のドラッグ失敗！あと1行範囲を広げるには　29
- **11** 行全体や列全体を選択するには　29
- **12** 1000行ある表の中の1列丸ごと ドラッグなしで一発選択！　30
- **13** 複数のセルに同じデータを一括入力するには　31
- **14** すぐ上のセルと同じデータを入力するには　31
- **15** セルのデータを一部だけ修正したい　32
- **16** セルの中で改行するには　32

- **17** 現在の日付や時刻を素早く入力するには　33
- **18** 郵便番号から住所を入力するには　33
- **19** 入力どおりに表示したい！どうしたらいい？　34
- **20** 日付の連続データを入力するには　36
- **21** 数値の連続データを入力するには　37
- **22** 飛び飛びの連続データを入力するには　38
- **23** オートフィルを一瞬で実行するには　38
- **24** 先頭と末尾の数値を指定して大量の連続データを一瞬で作成！　39
- **25** 「A、B、C…」「①、②、③…」独自の連続データの入力法　40
- **26** 日本語入力のオン／オフを自動的に切り替えるには　42
- **27** 入力済みデータを元にリストから入力するには　43
- **28** 決まった選択肢をもとにリストから入力するには　44
- **29** 47都道府県をリスト入力したい！　45
- **30** 特定の範囲の数値や日付しか入力できないようにするには　46

第2章　思い通りの表がつくれる　セルやシートの編集

- **31** 列幅や行高を変更するには　50
- **32** データの長さに合わせて列幅を自動調整するには　51

- 33 長い表題のせいで広がりすぎた列幅を調整したい 52
- 34 列幅や行高をセンチメートル単位で指定できないの? 53
- 35 列や行を非表示にするには 54
- 36 表に行や列を挿入するには 55
- 37 挿入した行が上と同じ色に! 下の行と同じ色に変えるには? 56
- 38 表から行や列を削除するには 57
- 39 データや書式を削除してまっさらなセルに戻したい! 58
- 40 表を手早く移動/コピーするには 59
- 41 遠くのセルや別シートに表をコピーするには 60
- 42 元の列幅のまま表をコピーするには 62
- 43 書式を付けずにデータだけを貼り付けるには 63
- 44 縦横を入れ替えて貼り付けるには 64
- 45 書式だけをコピーするには 65
- 46 別シートの表を列幅の違う表と並べて貼り付けるには 66
- 47 列を丸ごとほかの列の間に移動するには 68
- 48 新しいシートを追加するには 69
- 49 シート名を変更するには 69
- 50 シートを削除するには 70
- 51 シートの順序を入れ替えるには 71
- 52 シートをコピーするには 71
- 53 複数のシートに対して同時に同じ操作を実行するワザ! 72
- 54 スクロールしても項目名が常に見えるようにしたい! 73

第3章 誰にでもわかりやすくなる セルや表の書式設定

- 55 A4用紙いっぱいに大きな文字を印刷したい！ 76
- 56 セル内の一部の文字だけ書式を変えたい 76
- 57 「CO₂」の「2」だけ小さい文字にするには 77
- 58 ふりがなを表示するには 78
- 59 ふりがなが間違っている！どうして？ 79
- 60 セルの中で文字を均等に配置するには 80
- 61 文字を縦書きで表示するには 81
- 62 複数のセルをつなげて1つのセルにするには 82
- 63 文字をセルの幅で折り返すには 83
- 64 文字が小さくなってもセルに確実に収めたい！ 84
- 65 数値が金額で表示されるようにしたい 85
- 66 小数をパーセンテージで表示するには 85
- 67 小数の桁を増やしたり減らしたりするには 86
- 68 通貨表示やパーセント表示を解除するには 86
- 69 「-1234」を「▲1,234」と表示したい 87
- 70 「1、2、3」を「001、002、003」と表示するには 88
- 71 単位付きで入力しても計算できるようにしたい！ 89
- 72 数値の下3桁を省略して表示するには 89

- **73** 日付を和暦で表示するには 90
- **74** 「2015/09/01」のように月日を2桁で揃えるには 91
- **75** 日付を曜日付きで表示するには 92
- **76** 数値を入力したのに日付が表示されてしまう！ 93
- **77** 時刻を12時間制で表示するには 94
- **78** 表に格子罫線をパパッと引きたい 95
- **79** ドラッグしたとおりに罫線を引くには 96
- **80** 表の罫線をまとめて設定したい 98
- **81** 1行おきに色を塗って縞模様にするには 100
- **82** 表を一瞬で美しく装飾するには 101
- **83** 100万円超えの売り上げに自動で色を付けたい 102
- **84** 条件付き書式を解除するには 103
- **85** 「○○以上」「○○を含む」セルに自動で色を付けるには？ 104
- **86** 「70以上」を黄色、「90以上」を橙色にするには 106
- **87** 条件付き書式の優先順位を変更するには 107
- **88** 日程表の土日を塗り分けたい 108
- **89** 日程表の祝日も塗り分けたい 110

第4章 面倒な作業も一瞬で完了! 数式と関数の利用

- **90** 数式を入力するには　114
- **91** 演算子の種類を教えて！　115
- **92** 数式を修正するには　115
- **93** 数式をコピーするには　116
- **94** 数式をコピーしたら書式が崩れてしまった！　117
- **95** コピーしたときセル番号を変化させたくない　118
- **96** 行方向だけ、または列方向だけを固定するには　120
- **97** ワンタッチで合計を求めたい！　121
- **98** 自動認識された合計対象の範囲が間違っている！　122
- **99** データの平均や個数を求めるには　123
- **100** 複数のシートにまたがる表を串刺しして合計するには　124
- **101** 関数って何？　126
- **102** 関数を入力するには　127
- **103** データの個数を数えるには　128
- **104** 合計や平均を求めるには　129
- **105** 最大値や最小値を求めるには　130
- **106** あとから追加したデータも自動で計算に加えたい！　131
- **107** 累計を求めるには　132

- **108** 順位を求めるには　133
- **109** 数値を四捨五入するには　134
- **110** 数値を切り上げ／切り捨てするには　135
- **111** 小数点以下を切り捨てて簡単に整数にするには　136
- **112** 条件に合うデータの個数を求めたい　137
- **113** 条件に合うデータの合計を求めたい　138
- **114** 「○以上」という条件でデータ数や合計を求めたい　139
- **115** 「○○を含む」という条件でデータ数や合計を求めたい　140
- **116** 「○かつ△」という条件でデータ数を求めたい　141
- **117** 「○以上△以下」の条件で合計を求めたい　142
- **118** 得点に応じて合否を判定するには　143
- **119** 得点に応じて「A」「B」「C」の3段階にランク分けするには　144
- **120** 複数の条件を「かつ」で組み合わせて判定するには　145
- **121** 複数の条件を「または」で組み合わせて判定するには　146
- **122** シリアル値って何？　147
- **123** 現在の日付と時刻を表示するには　148
- **124** 日付を年月日に分解するには　149
- **125** 年月日から日付データを作成するには　150
- **126** 生年月日から年齢を計算するには　151
- **127** 前月末、当月末、翌月末の日付を求めるには　152
- **128** 翌月10日を求めるには　153
- **129** 勤務時間を計算するには　154

- 130 日付の隣のセルに曜日を表示するには　156
- 131 全角と半角を統一するには　157
- 132 大文字と小文字を統一するには　158
- 133 セルに入力した氏名からふりがなを取り出したい　159
- 134 文字列から一部分を取り出すには　160
- 135 文字列を別の文字列で置き換えるには　161
- 136 氏名を「氏」と「名」に分解するには　162
- 137 指定した商品番号の商品名を表から転記するには　164
- 138 コピーしたときにエラーが表示されない見積書をつくる!　166
- 139 「○以上△未満」の条件で表を検索するには　168
- 140 エラー記号の意味を教えて!　170
- 141 緑のエラーマークが目障り!非表示にするには?　171

第5章 見やすさが飛躍的に向上する グラフと図形の作成

- 142 グラフを作成するには　174
- 143 グラフの構成要素を知りたい!　176
- 144 グラフの凡例項目と横軸の項目を入れ替えるには　177
- 145 グラフ全体のデザインを一発変換　178
- 146 グラフ要素の表示／非表示をまとめて設定するには　180

- 147 グラフ要素を移動するには 181
- 148 グラフ要素を個別に追加するには 182
- 149 グラフ要素を削除するには 183
- 150 グラフタイトルにセルの内容を表示したい 184
- 151 数値軸の最大値や最小値を設定するには 185
- 152 棒を1本だけ違う色にして目立たせたい 186
- 153 棒グラフの棒を太くしたい 187
- 154 横棒グラフの並び順が表とは真逆になってしまう! 188
- 155 折れ線が途切れた!どうすればいい? 189
- 156 円グラフにパーセンテージを表示するには 190
- 157 円グラフの扇形を切り離して目立たせたい 191
- 158 絵グラフを作成するには 192
- 159 2軸の複合グラフを作成するには 194
- 160 図形を作成するには 197
- 161 正円や正方形、垂直線、水平線を描くには 198
- 162 図形を回転するには 199
- 163 図形に文字を入力するには 199
- 164 シートの自由な場所に文字を表示するには 200
- 165 列幅を変更すると図形もサイズ変更されて困る! 201
- 166 画像の不要な部分を取り除くには 202
- 167 ウェブ上の地図をシートに取り込む 203

第6章 大量の顧客も一括管理！ データの管理と分析

- 168 特定の文字が入力されているセルを検索するには 206
- 169 特定の文字を一気に別の文字に置き換える 207
- 170 並べ替えやオートフィルターを成功させる表の作り方 208
- 171 大きい順や小さい順にササッと並べ替えるには 209
- 172 複数の条件で並べ替えるには 210
- 173 オリジナルの順序で並べ替えるには 212
- 174 オートフィルターを設定するには 214
- 175 特定の項目だけを抽出するには 215
- 176 「○○」で始まるデータを抽出するには 216
- 177 「○以上△以下」のデータを抽出するには 217
- 178 購入額トップ3の優良顧客を抽出するには 218
- 179 複数の列で抽出を行うには 219
- 180 テーブルのメリットを教えて！ 220
- 181 各シートに作成した表を1つの表に統合したい！ 222
- 182 ピボットテーブルを作成するには 224
- 183 ピボットテーブルに項目を配置して集計するには 226

第7章 細かいところで差がつく 印刷とファイル管理

- **184** 印刷を実行するには　230
- **185** 印刷やプレビュー表示をワンタッチで実行したい　231
- **186** シート上の一部の表だけを印刷するには　232
- **187** 複数のシートをまとめて印刷したい　233
- **188** ブック内の全シートをまとめて印刷したい　233
- **189** 用紙の中央にバランスよく印刷するには　234
- **190** B4に合わせてつくった表を
  A4用紙1枚に印刷するには　235
- **191** わずかなはみ出しを阻止！余白調整と自動縮小印刷　236
- **192** 区切りのよい位置でページを分けるには　238
- **193** 2ページ目以降にも見出しを印刷するには　240
- **194** ページの余白にページ番号などを印刷するには　242
- **195** ひな形を利用して定型文書をサクサク作成！　244
- **196** 転ばぬ先の杖！
  上書き保存するときに古いブックも残す　245
- **197** テキストファイルをエクセルで開くには　246
- **198** テキスト形式やCSV形式でデータを保存するには　249
- **199** PDF形式で保存するには　250

- **200** データの勝手な変更を阻止したい！ 251
- **201** 入力欄は編集可、それ以外は編集不可にしたい！ 252
- **202** ブックにパスワードを付けて部外者の閲覧を禁止したい！ 254

本書は、2018年に青春出版社から刊行された『社会人として最低限知っておきたいエクセル技これだけ！』に項目を追加し、文庫版としたものです。各項目は基本的に2015年10月時点における「Windows 8.1」「Excel 2013」という環境で制作し、動作を検証しています。これらの情報は変更・更新される可能性があるため、本書の説明と実際の画面に相違が出てくることもあります。あらかじめご了承ください。

本文DTP　伊延あづさ・佐藤 純（アスラン編集スタジオ）

第 1 章

これだけは知っておきたい
エクセルの基本

この章では入力にまつわる技を中心に、エクセルの基本技を紹介します。「入力なんてわざわざ学ぶ必要ある?」と思われるかもしれませんが、「郵便番号から住所を自動入力」「リストからワンクリックで部署名を入力」などの技を知っていれば、力仕事でやっていた作業があっという間に終わります。"超"効率化で仕事をササッと片づけましょう!

01 エクセルを素早く起動したい

エクセルを起動すると、ウィンドウズのタスクバーにエクセルのボタンが表示されるので、そのままピン留めしておこう。通常、このボタンはエクセルを終了すると消えてしまうが、ピン留めしておけば常にタスクバーに表示され、ワンクリックで素早くエクセルを起動できる。

いったんエクセルを起動する。 ❶タスクバーのエクセルのボタンを右クリックして、❷「タスクバーにピン留めする」をクリックする。

❸エクセルを終了しても、ボタンは表示されたままになる。次回からは、ボタンのクリックで素早くエクセルを起動できる。

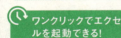

ワンクリックでエクセルを起動できる!

MEMO ウィンドウズ7の場合

タスクバーのエクセルのボタンを右クリックして、「タスクバーにこのプログラムを表示する」をクリックする。

02 リボンがジャマ！より広い画面で作業するには

巨大な表のチェック作業は、広い画面で効率よくこなしたい。「ファイル」タブ以外のタブをダブルクリックすると、リボンのボタン部分が非表示になり、作業領域を広く使える。リボンのタブは残るので、必要なときにはタブをクリックしてボタンを使用できる。

❶リボンのボタン部分を非表示にしたい。❷タブをダブルクリックすると、❸ボタンが消えてタブだけが残り、その分だけシートの表示領域が広くなる。

作業領域が広くなる！

COLUMN　非表示のボタンを使用するには

タブをクリックすると、そのタブのボタンを一時的に表示できる。タブをダブルクリックすると、ボタンの非表示を解除できる。

03 よく使う機能をボタンとして登録したい

使用頻度が高い機能は、クイックアクセスツールバーにボタンとして登録しておこう。タブを切り替えたり、ボタンの階層をたどる必要のあるリボンと違い、クイックアクセスツールバーのボタンなら、いつでもクリックできるので便利だ。

● リボン上の機能を登録する

1 登録したいボタンを右クリックして、2「クイックアクセスツールバーに追加」を選択。すると、3 クイックアクセスツールバーにボタンが追加され、ワンクリックで機能を実行できるようになる。

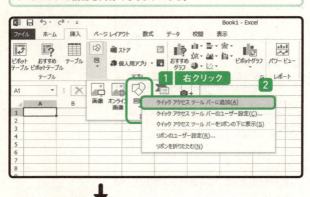

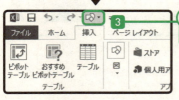

いつでもワンクリックで機能を実行できる!

●ファイルや印刷関連の機能を登録する

ファイルや印刷関連の機能を登録したい場合は、**1**クイックアクセスツールバーの右端にある「▼」をクリックする。**2**表示される一覧から機能を選ぶと、**3**クイックアクセスツールバーにボタンを追加できる。

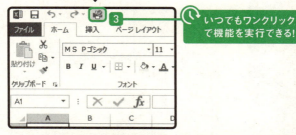

いつでもワンクリックで機能を実行できる!

COLUMN | 登録を解除するには

クイックアクセスツールバーに登録したボタンを右クリックして、「クイックアクセスツールバーから削除」を選ぶと、ボタンの登録を解除できる。

04 エクセルの設定画面を表示するには

エクセルを自分の使い勝手に合わせてカスタマイズするには、「Excelのオプション」画面を使う。具体的な設定例は第2章以降で紹介する。ここでは、画面の表示方法を確認しておこう。

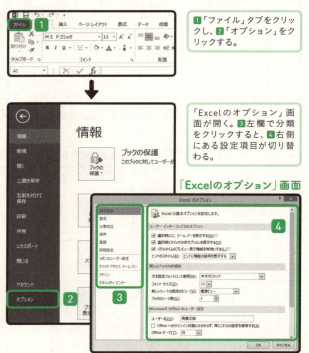

❶「ファイル」タブをクリックし、❷「オプション」をクリックする。

「Excelのオプション」画面が開く。❸左欄で分類をクリックすると、❹右側にある設定項目が切り替わる。

「Excelのオプション」画面

05 セルの設定画面を表示するには

「セルの書式設定」画面を使うと、セルに対して詳細な設定を行える。画面の表示方法はいろいろあるが、右クリックメニューかショートカットキーを使うのが断然効率的だ。ここでは、画面の表示方法を確認する。

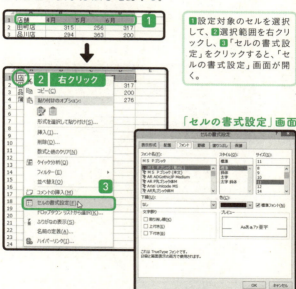

❶設定対象のセルを選択して、❷選択範囲を右クリックし、❸「セルの書式設定」をクリックすると、「セルの書式設定」画面が開く。

「セルの書式設定」画面

MEMO　ショートカットキー

「セルの書式設定」画面を表示　：　Ctrl + 1　（テンキー不可）

06 表の先頭や末尾に素早く移動したい

アクティブセルの移動では、ショートカットキー操作が時短のカギだ。「Ctrl」＋矢印キーを使うと、連続してデータが入力されているセル範囲の中で、先頭や末尾のセルに素早くジャンプできる。スクロールを伴うような大きな表で使えば効果てきめんだ。

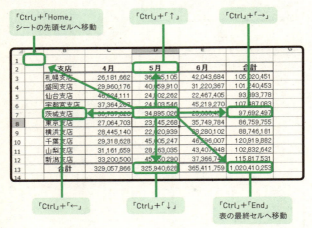

「Ctrl」+「Home」 シートの先頭セルへ移動

「Ctrl」+「↑」

「Ctrl」+「→」

「Ctrl」+「←」

「Ctrl」+「↓」

「Ctrl」+「End」 表の最終セルへ移動

MEMO　ショートカットキー

1画面分下のセルにジャンプ ： Page Down
1画面分上のセルにジャンプ ： Page Up

07 ワークシートにあるすべてのセルを一発選択!

シートの左上端にある「全セル選択」ボタンをクリックすると、シート上の全セルを選択できる。シート全体のフォントを設定したいときなどに便利だ。

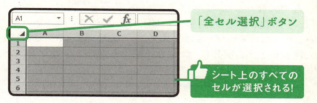

「全セル選択」ボタン

シート上のすべてのセルが選択される!

08 離れたセルを同時に選択したい

1個所目を選択したあと、ほかのセルを選択すると、通常は1個所目の選択が解除されてしまう。1個所目を選択したまま2個所目以降も選択するには、「Ctrl」キーを押しながらクリック、またはドラッグして選択しよう。

離れたセルを同時に選択できた!

09 広いセル範囲を正確に選択するには

画面に収まりきらない範囲のセルを選択するには、スクロールが必要だ。しかし、ドラッグしながらのスクロールだと、目的のセルを行き過ぎたり見失ったりと、終点を探すのに一苦労する。そんなときは、始点をクリック、終点を「Shift」+クリックで選択しよう。始点をクリックしたあと、スクロールバーやマウスのホイールを使ってスクロールしながら、落ち着いて終点のセルを探せる。広いセル範囲を正確に選択できるのがメリットだ。

1 クリック

2 スクロール

3 「Shift」+クリック

👍 始点から終点までのセル範囲が選択される

10 選択範囲のドラッグ失敗！あと1行範囲を広げるには

09（P28）のワザは、選択済みの範囲の修正にも使える。選択範囲のドラッグに失敗したときなどに、正しい終点のセルを「Shift」＋クリック、または「Shift」＋矢印キーで指定し直せばいい。

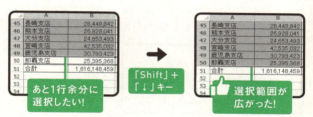

11 行全体や列全体を選択するには

行番号や列番号を小さな黒矢印のポインターでクリックすると、行全体や列全体を選択できる。行番号や列番号をドラッグすると、複数の行や列を選択できる。

●行の選択   ●列の選択

12 1000行ある表の中の1列丸ごとドラッグなしで一発選択!

巨大な表の特定の列に書式設定を行うときに、ドラッグでセルを選択するのは大変だ。対象の列に漏れなくデータが入力されているなら、「Ctrl」+「Shift」+「↓」キーを使う手がある。先頭のセルを選択して「Ctrl」+「Shift」+「↓」キーを押せば、データが100行あっても1000行あっても、列の先頭から末尾のセルまでを瞬時に選択できる。

1 選択

2 「Ctrl」+「Shift」+「↓」キーを押す

末尾のセルまでが選択される!

HINT

末尾の集計行を選択から除外したい場合は、末尾のセルまでを選択後、「Shift」+「↑」キーを押して、選択範囲を1行分縮小する。

COLUMN　データに抜けがある場合

列の途中に空白のセルがある場合、「Ctrl」+「Shift」+「↓」キーを押したときに空白セルまでが選択される。そのあと「Ctrl」+「Shift」+「↓」キーを何回か押して、列の最終セルまで選択範囲を拡大すればいい。

13 複数のセルに同じデータを一括入力するには

複数のセルを選択してデータを入力し、「Ctrl」キーを押しながら「Enter」キーで確定すると、選択したすべてのセルに同じデータが入力される。

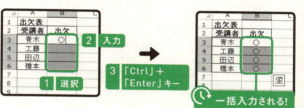

14 すぐ上のセルと同じデータを入力するには

セルを選択して「Ctrl」+「D」(「Down」の頭文字)キーを押すと上のセル、「Ctrl」+「R」(「Right」の頭文字)キーを押すと左のセルと同じデータを自動で入力できる。

15 セルのデータを一部だけ修正したい

セルをダブルクリックするか、またはセルを選択して「F2」キーを押すと「編集」モードになり、セルの中にカーソルが表示される。修正したい箇所にカーソルを移動して、データを修正すればよい。

16 セルの中で改行するには

1行目のデータを入力して、「Alt」+「Enter」キーを押す。すると、カーソルが2行目に移動するので、続きのデータを入力すればよい。「Enter」キーだけを押すと、データが確定してアクティブセルが移動してしまうので注意しよう。

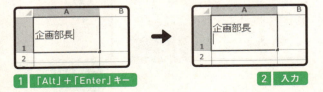

17 現在の日付や時刻を素早く入力するには

現在の日付や時刻は、セルを選択して以下のショートカットキーを押すと素早く簡単に入力できる。覚えておこう。

現在の日付を入力 ： Ctrl ＋ ; （セミコロン）
現在の時刻を入力 ： Ctrl ＋ : （コロン）

18 郵便番号から住所を入力するには

最新のIMEでは、入力モードを「ひらがな」にすると、郵便番号から住所に変換できる。IME 2012より前のバージョンでは、入力モードを「ひらがな」、変換モードを「人名／地名」にすると、郵便番号から住所に変換できる。

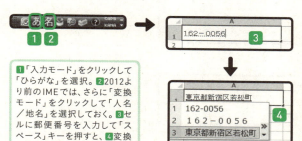

❶「入力モード」をクリックして「ひらがな」を選択。❷2012より前のIMEでは、さらに「変換モード」をクリックして「人名／地名」を選択しておく。❸セルに郵便番号を入力して「スペース」キーを押すと、❹変換候補に住所が表示される。

19 入力どおりに表示したい！どうしたらいい？

「1-1」と入力したら「1月1日」と表示された、「(1)」と入力したら「-1」と表示された……。
エクセルユーザーなら、誰でもそんな経験があるはずだ。入力されたデータをエクセルが勝手に日付やマイナスの数値と判断し、自動修正されてしまうのだ。入力したとおりに表示したいなら、先頭に「'」を付けて入力するか、セルに「文字列」の表示形式を設定してから入力しよう。

●入力したとおりに表示されないデータの例

入力例	表示例	説明
1-1	1月1日	日付と見なされる
1/1	1月1日	日付と見なされる
(1)	-1	マイナスの数値と見なされる
001	1	数値と見なされる
@1000	（入力不可）	「@」で始まるデータは入力できない

●先頭に「'」を付けて入力

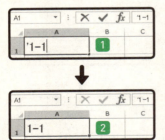

1 先頭に半角のシングルクォーテーション「'」を付けてデータを入力すると、2 入力したとおりに表示される。

HINT

「1-1」形式のデータを1つ入力するだけなら、先頭に「'」を付ける方法が簡単。いくつも入力するなら、表示形式を設定する方法が効率的だ。

●「文字列」の表示形式を設定

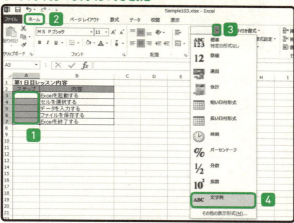

1 セルを選択して、2「ホーム」タブにある 3「表示形式」の「▼」をクリックし、4 一覧から「文字列」を選ぶ。5「1-1」と入力すると、入力したとおりに「1-1」と表示される。

> COLUMN 単に「1-1」と入力した場合
>
> 単に「1-1」と入力すると、「1月1日」と表示される。
>
>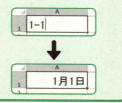

20 日付の連続データを入力するには

日程表などに日付の連続データを入力するときは、「オートフィル」を利用しよう。先頭のセルに最初の日付を入力し、セルの右下角にある「フィルハンドル」をドラッグするだけで、瞬時に日付の連続データを入力できる。ちなみに、「第1回」「1日目」のような、文字と数値の組み合わせの連続データも、オートフィルで作成可能だ。

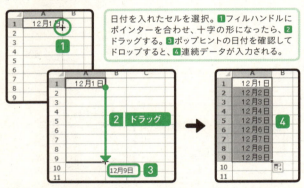

日付を入れたセルを選択。❶フィルハンドルにポインターを合わせ、十字の形になったら、❷ドラッグする。❸ポップヒントの日付を確認してドロップすると、❹連続データが入力される。

COLUMN 「月」や「曜日」は連続データが繰り返される

「4月」「5月」や「月」「火」などをもとにオートフィルを実行すると、連続データが繰り返し入力される。例えば、「火」をもとにした場合、「火、水、木…、月」と入力されたあと、再び「火、水…」と入力される。

21 数値の連続データを入力するには

数値の連続データを作成するには、「Ctrl」キーを押しながらオートフィルを実行する。「Ctrl」キーを押し忘れると、コピーが実行され、ドラッグした範囲に同じ数値が入力されてしまうので注意しよう。

最初の数値を入れたセルを選択し、フィルハンドルにポインターを合わせ、❶十字の形になったら「Ctrl」キーを押しながらドラッグする。❷ポップヒントの数値を確認してドロップすると、❸連続データが入力される。

COLUMN 「オートフィルオプション」でも可能

オートフィルでは、日付は連続データ、数値はコピーになる。反対に、「Ctrl」+オートフィルでは、日付はコピー、数値は連続データになる。これを覚えておけば、一発で目的通りに入力できる。覚えきれない場合は、とりあえずオートフィルを実行しよう。❶オートフィル後に表示される「オートフィルオプション」ボタンをクリックし、❷一覧から目的に合わせて「セルのコピー」「連続データ」を選べばよい。

●「オートフィルオプション」ボタン

22 飛び飛びの連続データを入力するには

「5、10、15…」「10、20、30…」のような、規則性のある連続データもオートフィルで入力できる。先頭2つのデータを選択して、フィルハンドルをドラッグすればよい。

23 オートフィルを一瞬で実行するには

フィルハンドルをダブルクリックすると、隣接する列のデータ数に合わせてオートフィルが実行される。データ数が多い場合でも、ドラッグの手間なしだ。

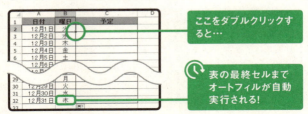

ここをダブルクリックすると…

表の最終セルまでオートフィルが自動実行される!

24 先頭と末尾の数値を指定して大量の連続データを一瞬で作成！

「連続データ」画面を使うと、先頭、末尾、増分の値を指定するだけで、瞬時に連続データを作成できる。「1001〜2000」「1月1日〜12月31日」というような大量の連続データを入力したいときに便利だ。

1. 先頭のセルに先頭の値を入力して選択しておく。
2. 「ホーム」タブ→ 3. 「フィル」→ 4. 「連続データの作成」をクリックする。

「連続データ」画面が開く。連続データを同じ列に入力したい場合は、5. 「列」を選択。6. 「増分値」と 7. 「停止値」を入力して、8. 「OK」をクリックする。

大量の連続データが瞬時に入力される！

39

25 「A、B、C…」「①、②、③…」独自の連続データの入力法

決まった並び順でデータを頻繁に入力する場合は、「ユーザー設定リスト」にデータの並び順を登録しておこう。1回登録しておけば、いつでも簡単にオートフィルでデータを入力できる。「A、B、C…」「①、②、③…」のような通常のオートフィルで入力できない連続データや、「東京本店、札幌支店、大阪支店、福岡支店」など独自のデータの並びを登録しておくとよいだろう。

> 04(P24)を参考に「Excelのオプション」画面を表示しておく。 1「詳細設定」をクリックし、画面を下までスクロールして 2「ユーザー設定リストの編集」をクリックする。

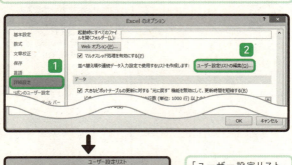

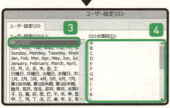

「ユーザー設定リスト」画面が開いたら、3「新しいリスト」を選択し、4「リストの項目」欄にデータを順序通りに入力する。

5「追加」をクリックして、6「ユーザー設定リスト」に登録されたら、7「OK」をクリックする。すると、「Excelのオプション」画面に戻るので、「OK」をクリックして閉じておく。8登録したデータの1つをセルに入力してオートフィルを実行すると、9連続データが入力される。

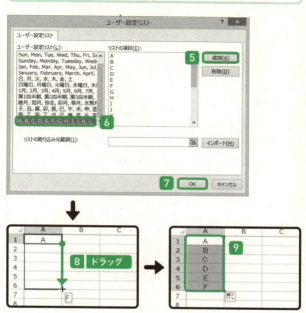

COLUMN　登録を解消するには

ユーザー設定リストはパソコンに登録されるので、登録したデータは別のブックでも利用できる。登録を解消するには、「ユーザー設定リスト」画面で「ユーザー設定リスト」欄からデータを選択して「削除」ボタンをクリックする。

26 日本語入力のオン／オフを自動的に切り替えるには

名簿などの入力で面倒なのが、入力モードの切り替えだ。取引先名は「ひらがな」、電話番号は「オフ」、という具合に入力するデータの種類に応じて頻繁に切り替えが必要になる。「データの入力規則」を利用して、日本語入力が自動的に切り替わるように設定しておこう。

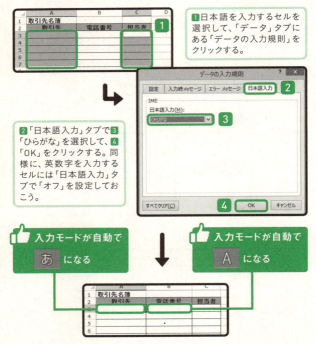

❶日本語を入力するセルを選択して、「データ」タブにある「データの入力規則」をクリックする。

❷「日本語入力」タブで❸「ひらがな」を選択して、❹「OK」をクリックする。同様に、英数字を入力するセルには「日本語入力」タブで「オフ」を設定しておこう。

👍 入力モードが自動で あ になる

👍 入力モードが自動で A になる

27 入力済みデータを元にリストから入力するには

同じ列に入力済みのデータを、再度新しいセルに入力したいことがある。そんなときは、「Alt」+「↓」キーを押してみよう。入力済みのデータがリストに表示され、そこから選ぶだけで簡単に入力できる。

① セルを選択して、②「Alt」+「↓」キーを押す。③ リストが表示されるので、「↓」キーでデータを選び、「Enter」キーで確定する。または、リストのデータをクリックしても、そのデータを確定できる。

COLUMN　入力補完機能も利用できる

「代々木上原」と入力されている列のセルに「よ」と入力すると、入力候補として「代々木上原」と表示される。入力候補を確定するには、「Enter」キーを押す。「よつや」など別のデータを入力するには、入力候補を無視してそのまま入力を進めればよい。

28 決まった選択肢をもとにリストから入力するには

「入力規則」機能を使うと、リスト入力の選択肢を事前に指定しておける。「部署」や「性別」など、決まった選択肢から入力するタイプの項目で利用すると便利だ。

> 1 リスト入力を設定するセルを選択して、2 「データ」タブにある 3 「データの入力規則」をクリックする。4 「設定」タブの 5 「入力値の種類」欄から「リスト」を選択し、6 「元の値」欄に選択肢を半角カンマ「,」で区切って入力。7 最後に「OK」をクリックする。

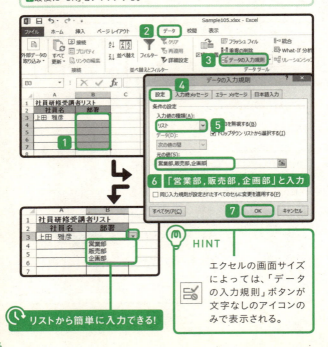

6 「営業部,販売部,企画部」と入力

リストから簡単に入力できる!

HINT

エクセルの画面サイズによっては、「データの入力規則」ボタンが文字なしのアイコンのみで表示される。

29 47都道府県をリスト入力したい!

リスト入力の選択肢が多い場合は、「データの入力規則」画面で選択肢を直接入力せずに、あらかじめ空いた列に選択肢を入力しておく方法がおススメだ。選択肢を入力した列は非表示にすれば隠せる（第2章35〈P54〉参照）。

1 リスト入力するセルを選択して、28（P44）の2～5の操作をしておく。2「元の値」欄の中をクリックし、3 選択肢を入れたセルをドラッグする。選択肢のセルのセル番号が「元の値」欄に入力されたら、「OK」をクリックして「データの入力規則」画面を閉じる。

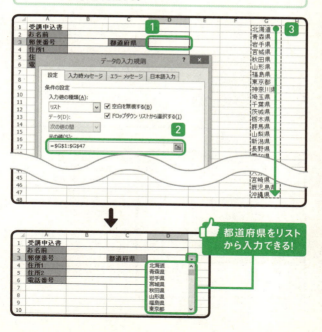

都道府県をリストから入力できる!

30 特定の範囲の数値や日付しか入力できないようにするには

「入力規則」機能を利用すると、「1〜10の範囲の数値」「2015/4/1〜2016/3/31の範囲の日付」など、特定の範囲の特定の種類のデータしか入力できないように設定できる。入力規則に違反するデータが入力されたときに、独自のエラーメッセージを表示させる仕組みもある。誤入力を防ぐのにもってこいの機能だ。

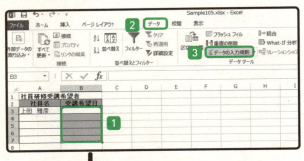

1 入力規則を設定するセルを選択して、2「データ」タブにある3「データの入力規則」をクリックする。4「設定」タブの5「入力値の種類」から「日付」を選び、6「データ」から「次の値の間」を選び、7 条件の日付を入力して、8「OK」をクリックする。

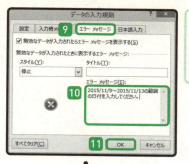

続いて、9「エラーメッセージ」タブに、10入力規則に違反するデータが入力されたときに表示するメッセージを入力し、11「OK」をクリックする。

12入力規則に違反するデータを入力すると、13エラーメッセージが表示される。14「再試行」をクリックして、正しいデータを入力し直す。

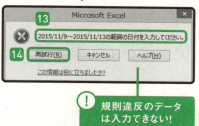

! 規則違反のデータは入力できない!

COLUMN　入力規則を解除するには

「データの入力規則」画面の「設定」タブにある「入力値の種類」欄で「すべての値」を選択すると、入力規則の条件を解除できる。また、画面の下部にある「すべてクリア」ボタンをクリックすると、「データの入力規則」画面のすべてのタブの設定を解除できる。

| 第 2 章 |

思い通りの表がつくれる

セルやシートの編集

表の使い回しは、時短に効果絶大。この章では、作成済みの表を整えたり、使い回したりするのに欠かせない機能を紹介します。
自己流でエクセルを使っている人には、案外使ったことのない機能があるかもしれません。
また、「行を挿入したら、思いがけない色がついた」などのトラブルの解決方法も紹介。
この機会にしっかり基礎を固めてください。

31 列幅や行高を変更するには

列幅を変更するには列番号の右の境界線を、行高を変更するには行番号の下の境界線をドラッグする。ドラッグの最中にポップヒントにサイズが表示されるので、それを目安にするとよい。幅の単位は半角数字の文字数、高さの単位は文字サイズと同じ「ポイント」だ。

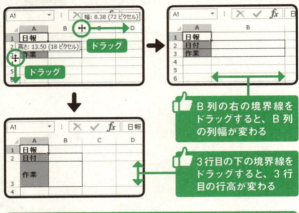

👍 B列の右の境界線をドラッグすると、B列の列幅が変わる

👍 3行目の下の境界線をドラッグすると、3行目の行高が変わる

COLUMN 複数の列や行をまとめてサイズ変更するには

あらかじめ複数の列や行を選択してからいずれかの列や行でサイズ変更すると、選択したすべての列や行がドラッグしたサイズに揃う。

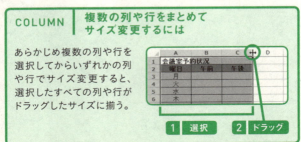

32 データの長さに合わせて列幅を自動調整するには

列の境界線をダブルクリックすると、列内のデータがピッタリ収まるように、列幅を自動調整できる。あらかじめ複数の列を選択しておけば、各列がデータにピッタリの幅になる。行の場合も、同様にダブルクリックでピッタリの高さになる。なお、結合しているセルは、自動調整の対象にならないので注意しよう。

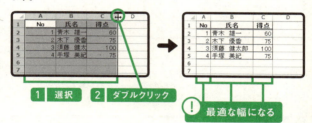

1 選択　2 ダブルクリック　! 最適な幅になる

COLUMN　列幅調整の極意

画面ではセルに収まっているデータが、印刷すると末尾が欠けたり、隣の列にはみ出たりすることがある。そんな事態に陥らないためには、列の幅を十分に広くする必要がある。しかし、通常の画面は印刷物通りの表示にならないので、列をどの程度の幅にすればよいか見当がつきづらい。

そんなときこそ、ダブルクリックワザの出番だ。ダブルクリックで自動調整した列幅が、その列のデータを列内にきちんと収めて印刷できる最小の幅だ。最低でも自動調整した幅を確保しながら、手動で各列のバランスを整えれば、印刷の失敗はない。なお、列幅を手動で変更するには、列番号の右の境界線をドラッグすればよい。

33 長い表題のせいで広がりすぎた列幅を調整したい

長いタイトルが入力されている表で、ダブルクリックして列幅を自動調整すると、列幅が広がりすぎて困ることがある。そんなときは、あらかじめ表のセルを選択しておき、「列の幅の自動調整」を実行しよう。

列番号の右をダブルクリックして列幅を調整すると、■セルA1の長さに合わせて列幅が広がり過ぎてしまう。

■表のセル範囲を選択して、■「ホーム」タブの■「書式」→■「列の幅の自動調整」をクリックすると、セルA1のデータを無視して、表内のデータの長さに合わせて列幅が自動調整される。

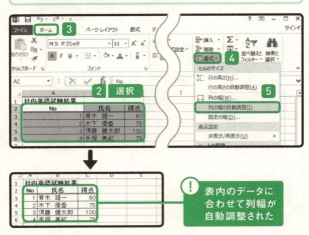

! 表内のデータに合わせて列幅が自動調整された

34 列幅や行高をセンチメートル単位で指定できないの?

表示モードを「ページレイアウト」表示に変更すると、センチメートル単位のルーラーが表示される。列幅や行高を変更するときのサイズもセンチメートル単位になる。それを目安にすると、サイズを調整しやすい。

1 「表示」タブにある 2 「ページレイアウト」をクリックすると、「ページレイアウト」表示に変わる。ページレイアウトビューでは、1枚の用紙の中に表を作成するイメージで作業できる。なお、「表示」タブの「標準」をクリックすれば、元の「標準」表示に戻れる。

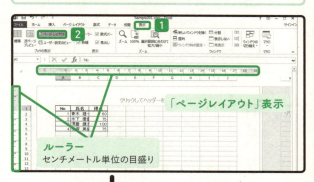

「ページレイアウト」表示

ルーラー
センチメートル単位の目盛り

3 列番号や行番号の境界線をドラッグすると、4 サイズがセンチメートル単位で表示される。

35 列や行を非表示にするには

特定の列や行を非表示にして隠すことができる。印刷する必要がない行を一時的に非表示にしたり、計算の途中の式を入れた列を非表示にしたりと、さまざまなシーンで役に立つ。

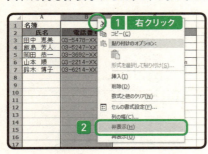

1 B列の列番号を右クリックし、2「非表示」をクリックすると、B列が非表示になる。同様に、行番号の右クリックメニューから「非表示」を選択すれば、行を非表示にできる。

B列が非表示になった!

COLUMN | **非表示の列や行を再表示するには**

非表示の列や行を含むように隣接する列や行を選択し、右クリックして「再表示」をクリックすると、再表示できる。例えば、B列を再表示するには、A〜C列を選択すればよい。なお、A列を非表示にした場合は、B列の列番号から全セル選択ボタンまでをドラッグして、右クリックメニューから「再表示」を選ぶ。

36 表に行や列を挿入するには

表が左右に2つ並んでいる状態でシートに行を挿入すると、両方の表に行が挿入されてしまう。一方だけに行を挿入したいときは、「セルの挿入」を実行する。

1 挿入位置にあるセル(ここではセルA4～B4)を選択して、2 右クリックし、3「挿入」をクリックする。「セルの挿入」画面が表示されたら、4 選択中のセルをシフトする方向(ここでは下方向)を選び、5「OK」をクリックする。

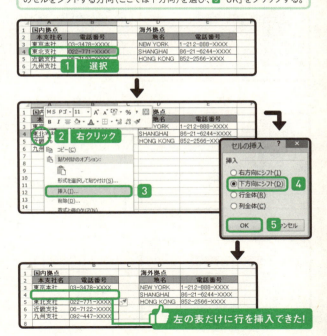

左の表だけに行を挿入できた!

37 挿入した行が上と同じ色に！下の行と同じ色に変えるには？

行を挿入すると、新しい行に上の行の書式が引き継がれる。また、列の場合は、左の列の書式が引き継がれる。罫線が自動で引かれるなど便利なことが多いが、引き継がれては困るケースもある。そんなときは、「挿入オプション」ボタンから書式を設定し直そう。

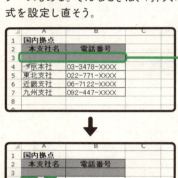

見出し行の下に行を挿入すると、見出し行の色が引き継がれてしまう！

行や列を挿入すると、1「挿入オプション」ボタンが表示される。これをクリックして、2「下と同じ書式を適用」をクリックする。

HINT

「挿入オプション」ボタンは挿入操作の直後に表示され、次に別の操作を行うと非表示になる。

3 挿入した行の書式が、下の行と同じになる。なお、「挿入オプション」ボタンのメニューから「書式のクリア」を選択すると、挿入した行が、書式のない真新しいセルになる。

38 表から行や列を削除するには

表が左右に2つ並んでいる状態でシートから行を削除すると、両方の表から行が削除されてしまう。一方だけから行を削除したいときは、「セルの削除」を実行する。

■削除するセル（ここではセルA4～B4）を選択して、■右クリックし、■「削除」をクリックする。「削除」画面が表示されたら、■削除後にどの方向にセルを詰めるのか（ここでは上方向）を選び、■「OK」をクリックする。

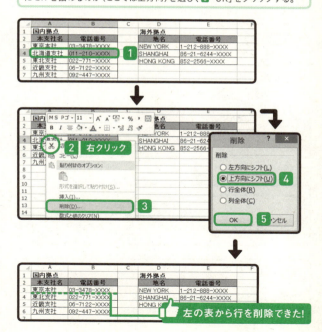

左の表から行を削除できた！

39 データや書式を削除してまっさらなセルに戻したい！

セルに入力したデータは、「Delete」キーで簡単に削除できる。しかし、データが消えても、色や罫線などの書式は残る。書式も消してまっさらなセルに戻すには、「すべてクリア」を実行しよう。

> 1 クリアするセルを選択して、2 「ホーム」タブの 3 「クリア」をクリックし、4 「すべてクリア」をクリックする。

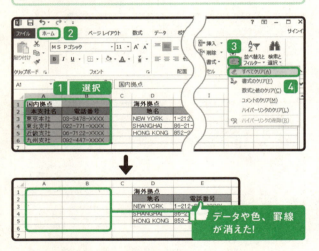

データや色、罫線が消えた！

COLUMN　データはそのまま、書式だけをクリアするには

「クリア」の一覧から「書式のクリア」を選択すると、色や罫線、表示形式などの書式だけを削除できる。

40 表を手早く移動／コピーするには

表を近くのセルに移動／コピーする場合は、「ドラッグアンドドロップ」が簡単だ。表を選択してドラッグすると移動になり、「Ctrl」キーを押しながらドラッグするとコピーになる。ドラッグ中に移動／コピー先を示す枠線が表示されるので、それを目安にドロップするとよい。

●表を移動する

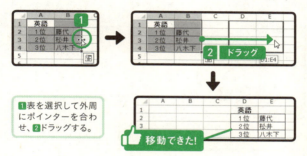

1. 表を選択して外周にポインターを合わせ、2. ドラッグする。

移動できた！

●表をコピーする

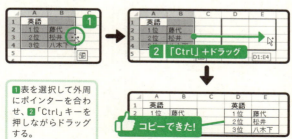

1. 表を選択して外周にポインターを合わせ、2. 「Ctrl」キーを押しながらドラッグする。

コピーできた！

41 遠くのセルや別シートに表をコピーするには

表のコピーには、40（P59）で紹介した「ドラッグアンドドロップ」のほかに、「コピーアンドペースト（コピー／貼り付け）」を使う方法もある。遠くのセルや別シートにコピーするときは、ドラッグの必要のないこちらの方法が便利。また、同じ表を複数の箇所にコピーするときも、こちらの方法が効率的だ。

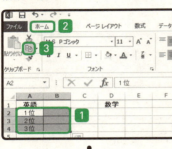

1 表を選択して、2「ホーム」タブの 3「コピー」をクリックする。すると、4 コピーしたセルの周囲が点線で囲まれる。5 コピー先の先頭のセルを選択して、6「貼り付け」をクリックする。

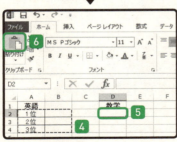

HINT

コピーには、右クリックメニューを使う手もある。表を選択、右クリックして「コピー」をクリックし、移動先を右クリックして「貼り付け」をクリックする。

7 表が貼り付けられる。
8 コピー元のセルの周囲は点滅したままになる。点滅している間は、**9** セルを選択して、**10** 何度でも「貼り付け」を実行できる。

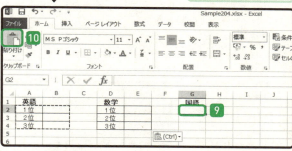

HINT

コピー元の点滅は、「Esc」キーを押すと消える。

続けてコピーできた！

MEMO	ショートカットキー

コピー ： Ctrl + C
貼り付け ： Ctrl + V

第2章 セルやシートの編集

42 元の列幅のまま表をコピーするには

表のコピー/貼り付けを行うと、「貼り付けのオプション」ボタンが表示される。それを利用すると、貼り付けた表を元の列幅と同じサイズに変更できる。

> ❶表をコピーして、❷貼り付けると、「貼り付けのオプション」ボタンが表示される。❸それをクリックして、❹「元の列幅を保持」をクリックすると、貼り付けた表が元の表と同じ列幅になる。

元の表と同じ列幅になった!

HINT

「貼り付けのオプション」ボタンには、貼り付け方法を変更するためのメニューが用意されている。コピー元の点滅が続いている間は、「貼り付けのオプション」ボタンを利用して、貼り付け方法を変更できる。

HINT

貼り付けるときに「ホーム」タブの「貼り付け」の下側の「▼」をクリックし、表示されるメニューから「元の列幅を保持」を選ぶと、最初から同じ列幅で貼り付けが行われる。

43 書式を付けずにデータだけを貼り付けるには

名簿に入力されている氏名を利用して、成績表を作成したい。しかし、単純なコピー／貼り付けではデータと一緒に書式まで貼り付けられ、成績表の書式が崩れてしまう。そんなときは、「貼り付けのオプション」ボタンを利用して、「値」だけを貼り付けよう。

> 1. 氏名をコピーして、2. 貼り付けると、元の表と同じ縞模様になってしまう。
> 3.「貼り付けのオプション」ボタンをクリックして、4.「値」をクリックすると、元の表のデータだけが貼り付けられ、縞模様が解除される。

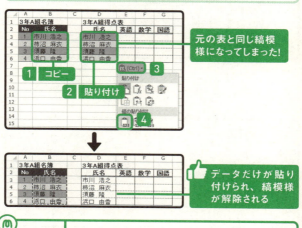

元の表と同じ縞模様になってしまった！

データだけが貼り付けられ、縞模様が解除される

HINT

貼り付けるときに「ホーム」タブの「貼り付け」の下側の「▼」をクリックし、表示されるメニューから「値」をクリックすると、最初からデータだけを貼り付けることができる。

44 縦横を入れ替えて貼り付けるには

コピー/貼り付けをするときに「行列を入れ替える」を実行すると、縦と横を入れ替えた状態で貼り付けることができる。縦一列に入力したデータを横一列の表にコピーしたいときなどに役に立つ。

> 1.縦一列のセル範囲をコピーしておく。コピー方法は、「ホーム」タブの「コピー」、右クリックメニューの「コピー」、「Ctrl」+「C」キーのいずれでもよい。続いて、2.貼り付け先を選択する。

> 3.「ホーム」タブの 4.「貼り付け」の下側の「▼」をクリックし、5.「行列を入れ替える」をクリックすると、横一列に貼り付けられる。

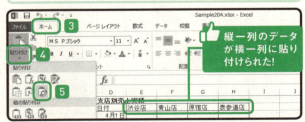

縦一列のデータが横一列に貼り付けられた!

HINT

データだけを貼り付けたい場合は、まず、空いているセルに行列を入れ替えて貼り付ける。そのセルをコピーして、43(P63)を参考に、実際の貼り付け先のセルに「値」を貼り付ければよい。

45 書式だけをコピーするには

同じ体裁の表をいくつも作成する場合は、1つだけ書式をしっかり設定しておき、設定した書式を残りの表にコピーすると手っ取り早い。「書式のコピー／貼り付け」を使えば簡単だ。

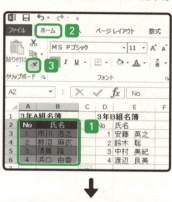

①書式を設定した表を選択して、②「ホーム」タブの③「書式のコピー／貼り付け」をクリックする。④ポインターが刷毛の形になるので、貼り付け先の先頭セルをクリックすると、元の表と同じ書式になる。

HINT

あらかじめ「書式のコピー／貼り付け」をダブルクリックしておくと、ポインターが刷毛の形のままになり、繰り返し書式の貼り付けを実行できる。貼り付けが終了したら、「Esc」キーを押すと、ポインターが元に戻る。

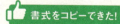
書式をコピーできた！

46 別シートの表を列幅の違う表と並べて貼り付けるには

異なるシートに作成した2つの表を並べて印刷したいことがある。しかし、互いの表の列幅が異なると、きれいに並べるのは難しい。そんなときは、一方の表を「図」として貼り付けよう。「図」とは写真のようなもの。表をセルとして貼り付けるには列幅がネックになるが、写真なら列幅を気にせずに、自由自在に貼り付けできる。その際、「リンク」を設定しておけば、コピー元でデータや書式を変更したときに、貼り付け先も連動して変更されるので便利だ。

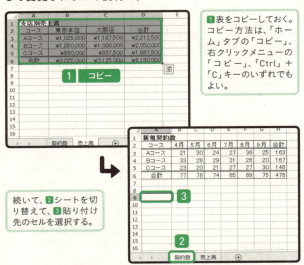

❶表をコピーしておく。コピー方法は、「ホーム」タブの「コピー」、右クリックメニューの「コピー」、「Ctrl」+「C」キーのいずれでもよい。

続いて、❷シートを切り替えて、❸貼り付け先のセルを選択する。

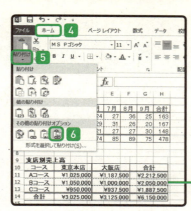

4「ホーム」タブの 5「貼り付け」の下側の「▼」をクリックし、6「リンクされた図」をクリックすると、コピーした表が1枚の図として貼り付けられる。背面に貼り付け先の枠線が透けて見えるが、枠線は印刷されないので気にする必要はない。

👍 別シートの表が図として貼り付けられた!

第2章 セルやシートの編集

COLUMN 「貼り付けのオプション」も利用できる

単純な貼り付けを行うと、コピーした表が貼り付け先の列幅に変わってしまい、バランスが悪くなる。1 貼り付け後に表示される「貼り付けのオプション」ボタンをクリックして、2「リンクされた図」をクリックすると、貼り付けた表を「図」に変換できる。

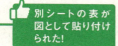

通常の貼り付けだと、バランスが悪くなる

47 列を丸ごとほかの列の間に移動するには

表を作成したあとで、列を入れ替えたくなることがある。列を選択して、「Shift」キーを押しながらドラッグすると、ほかの列の間に移動できる。単にドラッグするだけだと、ほかの列が上書きされてしまうので注意しよう。

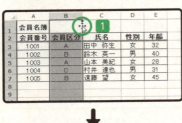

1 移動したい列を選択して、外周にポインターを合わせる。

2 「Shift」キーを押しながら、移動先までドラッグする。ドラッグ中に移動先を示す太線が表示されるので、それを目安にドロップする。

移動できた!

48 新しいシートを追加するには

シート見出しの横にあるボタンをクリックすると、選択中のシートの右に新しいシートを追加できる。エクセル2010では、シートの末尾に追加される。

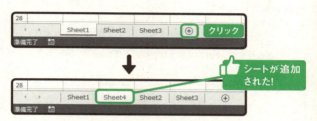

49 シート名を変更するには

シート見出しをダブルクリックすると、シート名を編集できる状態になる。編集後、「Enter」キーを押して変更を確定する。わかりやすい名前を付けておこう。

50 シートを削除するには

不要になったシートは削除しよう。シート見出しの右クリックメニューから「削除」を選ぶと削除できる。シートの削除は、クイックアクセスツールバーの「元に戻す」ボタンでは戻らないので慎重に操作しよう。

> 1 削除するシートのシート見出しを右クリックして、2「削除」を選ぶ。空白のシートの場合は、即座に削除される。データが入力されている場合や、書式が設定されている場合は、削除確認のメッセージが表示されるので、3「削除」をクリックすると削除できる。

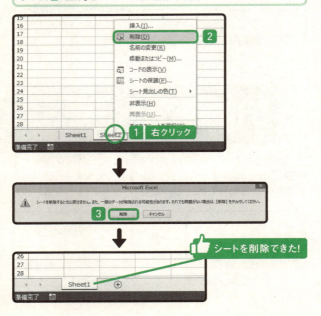

シートを削除できた!

51　シートの順序を入れ替えるには

シート見出しをドラッグすると、シートを移動できる。ドラッグ中に移動先を示す「▼」が表示されるので、それを目安にするとよい。

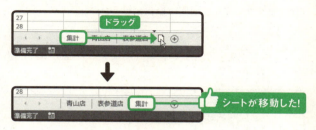

52　シートをコピーするには

「Ctrl」キーを押しながらシート見出しをドラッグすると、シートをコピーできる。シートをコピーしたら、わかりやすいシート名に変更しておこう。

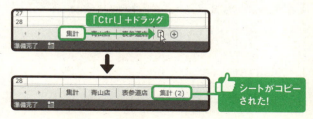

53 複数のシートに対して同時に同じ操作を実行するワザ!

シートをグループ化すると、前面のシートで行った操作が、グループ内のほかのシートにも反映される。同じセルに同じデータを入力したり、同じ罫線や色を設定するときなどに便利だ。なお、グラフ作成など一部の操作は行えない。

> ここでは、「青山店」〜「原宿店」シートをグループ化する。まず、**1**「青山店」シートをクリック。次に、**2**「Shift」キーを押しながら「原宿店」シートをクリックすると、「青山店」「表参道店」「原宿店」の3枚のシートがグループ化され、**3**タイトルバーに「作業グループ」と表示される。

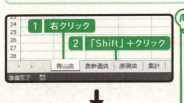

HINT

「青山店」をクリックしたあと、「Ctrl」キーを押しながら「原宿店」をクリックすると、「青山店」と「原宿店」だけを選択できる。

グループ化された!

COLUMN　グループ化を解除するには

うっかりグループ化したまま作業を続けると、意図せずに全シートが同じ内容になってしまう。グループでの作業が済んだら、グループ内のいずれかのシート見出しを右クリックして、「作業グループ解除」をクリックしよう。

54 スクロールしても項目名が常に見えるようにしたい！

大きな表をスクロールすると、項目名が画面の外に消えて、データとの対応がわからなくなる。「ウィンドウ枠の固定」を設定して、項目名の行を常に画面に表示しておこう。

項目名の次の行のA列のセルを選択する。1 ここでは項目名が2行目にあるのでセルA3を選択。2「表示」タブの 3「ウィンドウ枠の固定」→ 4「ウィンドウ枠の固定」をクリックする。

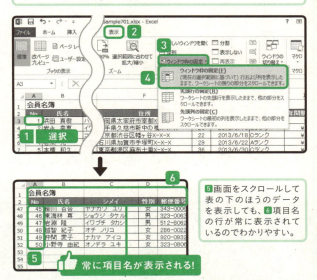

5 画面をスクロールして表の下のほうのデータを表示しても、6 項目名の行が常に表示されているのでわかりやすい。

常に項目名が表示される！

項目名の行と列の両方を固定表示することも可能。例えば、セルC3を選択して「ウィンドウ枠の固定」を設定すると、1～2行目とA～B列を固定表示できる。

固定表示を解除するには、「表示」タブの「ウィンドウ枠の固定」→「ウィンドウ枠固定の解除」を選ぶ。

第 3 章

誰にでもわかりやすくなる
セルや表の書式設定

書類はデータが読みやすいように仕上げたいもの。この章では、表づくりに威力を発揮する「セルの書式設定」と「条件付き書式」のテクニックを紹介していきます。セルの装飾機能を活用して表にメリハリを付ければ、データの表現を思い通りに操れます。書式設定機能を徹底活用し、上司や得意先の評価が上がる見やすい表をつくりましょう！

55 A4用紙いっぱいに大きな文字を印刷したい!

フォントサイズは、1～409ポイントの間で設定できる。フォントサイズの一覧にないサイズは、直接数値を入力して、「Enter」キーを押せばいい。

フォントサイズを直接入力

56 セル内の一部の文字だけ書式を変えたい

セルをダブルクリックすると、セル内にカーソルが現れる。その状態でセル内の文字をドラッグして選択し、「ホーム」タブかミニツールバーで書式を設定しよう。

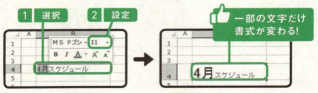

一部の文字だけ書式が変わる!

57 「CO₂」の「2」だけ小さい文字にするには

「CO₂」の「2」を「下付き文字」、「100m²」の「2」を「上付き文字」と呼ぶ。いずれも、文字を選択して「セルの書式設定」画面から設定することができる。

> セルをダブルクリックすると、セル内にカーソルが現れる。**1** その状態で文字をドラッグして選択し、**2**「Ctrl」+「1」キーを押す(テンキーの「1」は不可)。もしくは、右クリックして「セルの書式設定」を選ぶ。**3** 設定画面で「下付き」にチェックを付け、**4**「OK」をクリックする。

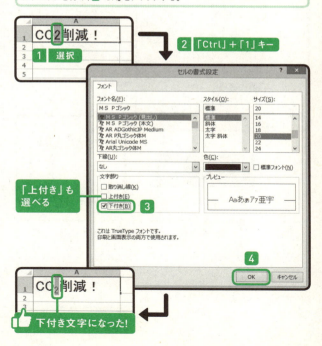

58 ふりがなを表示するには

氏名など、読み方が複数あるデータは、ふりがなを表示しておくとわかりやすい。「ホーム」タブにある「ふりがなの表示／非表示」を使用すると、セルに入力した漢字の上にふりがなを表示できる。

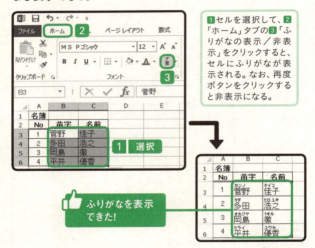

1 セルを選択して、2「ホーム」タブの 3「ふりがなの表示／非表示」をクリックすると、セルにふりがなが表示される。なお、再度ボタンをクリックすると非表示になる。

ふりがなを表示できた!

COLUMN　ふりがなをひらがなで表示するには

セルを選択して、「ホーム」タブの「ふりがなの表示／非表示」の右にある「▼」→「ふりがなの設定」をクリックすると、設定画面が表示される。その画面で、「ひらがな」「全角カタカナ」「半角カタカナ」からふりがなの種類を選べる。

59 ふりがなが間違っている! どうして?

エクセルでは、セルに入力する漢字の変換前の読みが、ふりがなとして記憶される。「かんの」と入力して「菅野」に変換した場合、正しい読み方は「すがの」でも、ふりがなは「かんの」になる。間違ったままにしておくと、並べ替えなどの操作に支障が出る。きちんと修正しておこう。

1 セルをダブルクリックすると、セル内にカーソルが表示される。その状態で、2 ふりがな上をクリックすると、カーソルがふりがなに移動するので、3 修正して「Enter」キーで確定する。

HINT

セルにふりがなを表示していない状態でふりがなを修正するには、セルを選択して、「ホーム」タブの「ふりがなの表示/非表示」の右の「▼」→「ふりがなの編集」をクリックするか、「Alt」+「Shift」+「↑」キーを押す。

COLUMN ほかからコピーしたデータはふりがなを表示できない

ワードやメールからコピーしたデータは、漢字変換時の情報がないため、ふりがなを表示できない。セルを選択して「Alt」+「Shift」+「↑」キーを押すと、一般的な読みがふりがなとして表示されるので、必要に応じて修正しよう。

60 セルの中で文字を均等に配置するには

「右揃え」「中央揃え」「上揃え」などの単純な文字配置は、「ホーム」タブのボタン一発で設定できるが、凝った配置の設定には「セルの書式設定」画面の出番だ。複数の項目を同じ幅に揃えるには、「均等割り付け」を設定する。

1 設定対象のセルを選択し、2「Ctrl」+「1」キーを押す。もしくは、右クリックして「セルの書式設定」を選ぶ。「セルの書式設定」画面が現れたら、3「配置」タブの 4「横位置」から「均等割り付け(インデント)」を選び、5「OK」をクリックする。

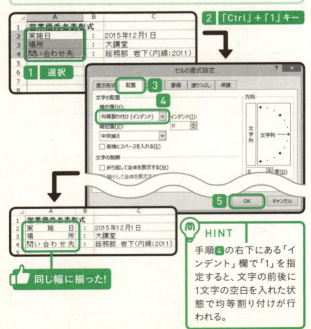

同じ幅に揃った!

HINT
手順 4 の右下にある「インデント」欄で「1」を指定すると、文字の前後に1文字の空白を入れた状態で均等割り付けが行われる。

61 文字を縦書きで表示するには

表によっては文字を縦書きにしたほうがしっくりくる場合がある。「ホーム」タブの「方向」の一覧から「縦書き」を選べば、セルの中で文字を縦書きで表示できる。

> ❶縦書きにするセルを選択して、❷「ホーム」タブの❸「方向」をクリックし、❹一覧から「縦書き」を選択すると、文字が縦書きになる。再度、「方向」の一覧から「縦書き」をクリックすると、縦書きを解除できる。

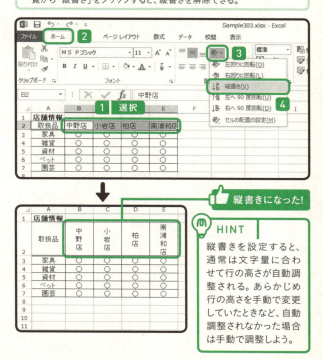

縦書きになった!

HINT

縦書きを設定すると、通常は文字量に合わせて行の高さが自動調整される。あらかじめ行の高さを手動で変更していたときなど、自動調整されなかった場合は手動で調整しよう。

62 複数のセルをつなげて1つのセルにするには

表の幅に合わせてタイトルを配置したいときなど、複数のセルをつなげて文字を表示したい場合がある。「セルを結合して中央揃え」を使用すれば、複数のセルを結合して、1つのセルとして扱える。なお、結合する複数のセルにそれぞれデータが入力されていた場合、先頭のデータ以外は破棄されるので注意しよう。

> ❶結合するセルを選択して、❷「ホーム」タブの❸「セルを結合して中央揃え」をクリックすると、選択したセルが結合する。

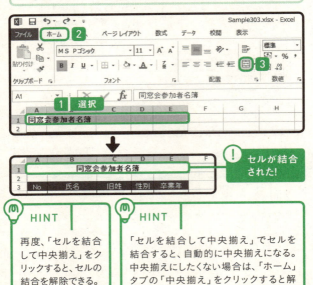

! セルが結合された!

HINT
再度、「セルを結合して中央揃え」をクリックすると、セルの結合を解除できる。

HINT
「セルを結合して中央揃え」でセルを結合すると、自動的に中央揃えになる。中央揃えにしたくない場合は、「ホーム」タブの「中央揃え」をクリックすると解除できる。

63 文字をセルの幅で折り返すには

案内文や招待状などの作成でセルに長い文章を入力するときは、セルに「折り返して全体を表示」を設定しておこう。セルの幅で自動的に文字が次行に流れ、ワープロ感覚で入力が行える。

1 セルを選択して、2「ホーム」タブの 3「折り返して全体を表示」をクリックする。4 セルに長い文章を入力すると、自動的にセルの幅で折り返される。

HINT
セル内で強制改行する方法は、第1章16(P32)参照。

COLUMN　文章の末尾をキレイに揃えるには

セル内で文字を折り返すと、各行の末尾に大小の空白が入り、行末が不揃いになることがある。第1章05(P25)を参考に「セルの書式設定」画面を開き、「配置」タブの「横位置」欄から「両端揃え」を設定すると、各行の末尾がぴったり揃うように、文字間隔が自動調整される。

64 文字が小さくなってもセルに確実に収めたい!

「文字がセルに収まらない! でも、これ以上列幅を縮小したくない」という場合は、「縮小して全体を表示する」を設定する手がある。収まるデータはそのまま、収まらないデータだけを自動で縮小して表示できる。

> 1 設定対象のセルを選択し、2 「Ctrl」+「1」キーを押す。もしくは、右クリックして「セルの書式設定」を選ぶ。「セルの書式設定」画面が現れたら、3 「配置」タブの 4 「縮小して全体を表示する」にチェックを付けて、5 「OK」をクリックする。

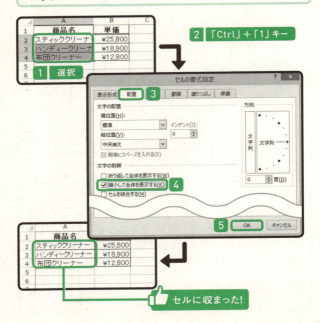

セルに収まった!

65 数値が金額で表示されるようにしたい

「表示形式」を設定すると、セルに入力したデータの見た目を変えられる。例えば、セルを選択して「ホーム」タブの「通貨表示形式」ボタンをクリックすると、「1000」を「¥1,000」と表示できる。また、「桁区切りスタイル」ボタンをクリックすれば、「1,000」と表示できる。

セルの値	ボタン	表示結果
1000	❶通貨表示形式	¥1,000
1000	❷桁区切りスタイル	1,000

66 小数をパーセンテージで表示するには

数値のセルを選択して、「ホーム」タブの「パーセントスタイル」ボタンをクリックすると、パーセント表示になる。小数点以下の桁数は、**67**（P86）を参考に調整しよう。

 →

67 小数の桁を増やしたり減らしたりするには

「小数点以下の表示桁数を増やす」や「小数点以下の表示桁数を減らす」をクリックするごとに、小数点以下の数値を1桁ずつ増減できる。減らすときは四捨五入が行われる。

セルの値	ボタン	表示結果
12.38	❶小数点以下の表示桁数を増やす	12.380
12.38	❷小数点以下の表示桁数を減らす	12.4

68 通貨表示やパーセント表示を解除するには

通貨やパーセントの表示は、「通貨表示形式」ボタンや「パーセント表示」ボタンをクリックしても解除できない。解除するには、「ホーム」タブの「表示形式」の一覧から「標準」という表示形式を設定する。

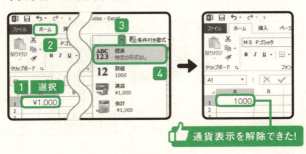

通貨表示を解除できた!

69 「-1234」を「▲1,234」と表示したい

「セルの書式設定」画面の「表示形式」タブを使うと、たくさんの選択肢の中からデータの表示方法を選べる。帳簿では負数を赤字や「(1,234)」「▲1,234」などと表示することがあるが、そのような表示方法も簡単に設定できる。

1 設定対象のセルを選択し、2「Ctrl」+「1」キーを押す。もしくは、右クリックして「セルの書式設定」を選ぶ。開く画面の3「表示形式」タブで、4「数値」を選び、5「桁区切り(,)を使用する」にチェックを付け、6「▲1,234」を選択して、7「OK」をクリックする。

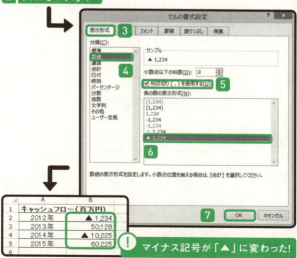

! マイナス記号が「▲」に変わった!

70 「1、2、3」を「001、002、003」と表示するには

「書式記号」という記号を組み合わせて表示形式を定義すると、数値の見た目を自在に変えられる。数値の先頭に「0」を補って3桁で表示するには、表示形式として「000」と定義する。「0」は数値1桁を表す書式記号で、セルの値が「1」なら「001」、「11」なら「011」と表示できる。

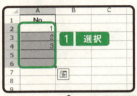

1 設定対象のセルを選択し、2「Ctrl」+「1」キーを押す。もしくは、右クリックして「セルの書式設定」を選ぶ。開く画面の3「表示形式」タブで、4「分類」から「ユーザー定義」を選び、5「種類」欄に「000」と入力し、「OK」をクリックする。

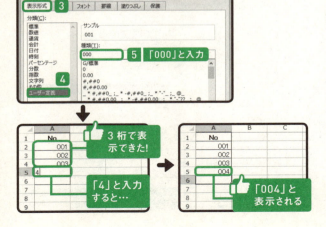

71 単位付きで入力しても計算できるようにしたい！

セルに「1,000人」と入力すると、数値の「1000」として扱えないため足し算できない。「1,000人」と表示しつつ数値の「1000」として計算するには、70（P88）を参考に「#,##0"人"」という表示形式を設定する。「人」以外の記号は半角で入力すること。

「#,##0"人"」という表示形式を設定

72 数値の下3桁を省略して表示するには

表示形式を「#,##0」とすると、数値を3桁ごとにカンマ「,」で区切って表示できる。その末尾に「,」を1つ付けて「#,##0,」とすると下3桁、2つ付けて「#,##0,,」とすると下6桁を省略して表示できる。70（P88）を参考に設定しよう。記号はすべて半角で入力すること。

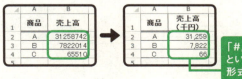

「#,##0,」という表示形式を設定

73 日付を和暦で表示するには

日付には西暦や和暦、月日のみの表示、英語表記などいろいろな表示方法があり、「セルの書式設定」画面の「日付」の分類から簡単に変更できる。

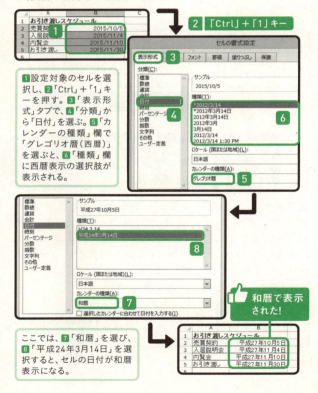

1 設定対象のセルを選択し、2「Ctrl」+「1」キーを押す。3「表示形式」タブで、4「分類」から「日付」を選ぶ。5「カレンダーの種類」欄で「グレゴリオ暦（西暦）」を選ぶと、6「種類」欄に西暦表示の選択肢が表示される。

ここでは、7「和暦」を選び、8「平成24年3月14日」を選択すると、セルの日付が和暦表示になる。

和暦で表示された！

74 「2015/09/01」のように月日を2桁で揃えるには

列内に1桁と2桁の日にちが混在すると、月日の桁が揃わず見栄えがよくない。月も日も2桁表示にするには、ユーザー定義の表示形式で「yyyy/mm/dd」と定義する。

1 設定対象のセルを選択し、2 「Ctrl」＋「1」キーを押す。もしくは、右クリックして「セルの書式設定」を選ぶ。開く画面の 3 「表示形式」タブで、4 「分類」から「ユーザー定義」を選び、5 「種類」欄に「yyyy/mm/dd」と入力し、「OK」をクリックする。

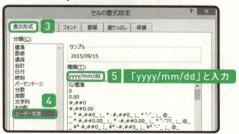

月日の桁が揃った！

設定例	表示例
mm/dd	09/01
mm"月"dd"日"	09月01日
yyyy"年"mm"月"dd"日"	2015年09月01日

第3章 セルや表の書式設定

75 日付を曜日付きで表示するには

書式記号を駆使すると、曜日付きで表示するなど、日付の見た目を思い通りに変えられる。「金曜日」と表示するには「aaaa」、「金」と表示するには「aaa」という書式記号を使う。例えば、74（P91）を参考に表示形式を「yyyy/m/d(aaa)」と設定すると、日付を「2015/6/12（金）」のように表示できる。

「yyyy/m/d(aaa)」という表示形式を設定

●ユーザー定義の表示形式の設定例

設定例	表示例
m/d(aaa)	6/12(金)
mm"月"dd"日"(aaa)	06月12日(金)
yyyy"年"m"月"d"日" aaaa	2015年6月12日 金曜日
ge.m.d(aaa)	H27.6.12(金)
ggge"年"m"月"d"日" aaaa	平成27年6月12日　金曜日

COLUMN 「d」と「dd」の違い

日付の「日」を表す書式記号には「d」と「dd」がある。「d」は1日～31日をそのまま「1～31」と表示する。「dd」は1桁の日に「0」を補って「01～31」と表示する。同様に、日付の「月」を表す書式記号「m」は1月～12月を「1～12」、「mm」は「01～12」と表示する。

76 | 数値を入力したのに日付が表示されてしまう!

日付を入力すると、セルに自動で日付の表示形式が設定される。そのため、同じセルに数値を入力し直すと、数値が日付に化けてしまう。日付を削除したセルに日付以外のデータを入力する場合は、必ず表示形式を「標準」に戻しておこう。

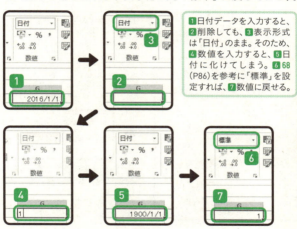

1 日付データを入力すると、2 削除しても、3 表示形式は「日付」のまま。そのため、4 数値を入力すると、5 日付に化けてしまう。6 68 (P86)を参考に「標準」を設定すれば、7 数値に戻せる。

COLUMN 日付データには常時表示形式が設定されている

セルの初期設定の表示形式は「標準」だが、日付を入力すると表示形式は「日付」や「ユーザー定義」に自動的に変化する。つまり、日付を入力したセルには、常時「日付」や「ユーザー定義」などの表示形式が設定されているというわけだ。ちなみに、日付のセルに「標準」を設定すると、日付が「シリアル値」(第4章122〈P147〉参照)という数値に変わる。

77 時刻を12時間制で表示するには

「セルの書式設定」画面の「表示形式」タブでは、時刻の表示形式を「21:30」「9:30 PM」「21時30分」などから選べる。また、書式記号を使用して74（P91）を参考にユーザー定義の表示形式を設定することも可能だ。

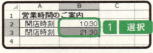

1 設定対象のセルを選択し、2「Ctrl」+「1」キーを押す。もしくは、右クリックして「セルの書式設定」を選ぶ。開く画面の 3「表示形式」タブで、4「分類」から「時刻」、5「種類」から「1:30 PM」を選び、「OK」をクリックする。

12時間制で表示できた！

HINT

エクセルで時刻を12時間制で表す場合、正午の「12:00」は午後12時、夜中の「24:00」は午前12時と表示される。それでは都合が悪い場合は、24時間制で表示するのが無難だ。

●ユーザー定義の表示形式の設定例

設定例	表示例
h:mm:ss	21:30:00
h"時"m"分"	21時30分
h:mm:ss AM/PM	9:30:00 PM
[$-411]AM/PM h"時"mm"分"	午後 9時30分

78 表に格子罫線をパパッと引きたい

「ホーム」タブの「罫線」ボタンには、「格子」「外枠」「外枠太罫線」などさまざまな罫線メニューがある。これを利用すると、簡単に罫線が引ける。表に格子状の罫線を引くと、セルの境目がはっきりして見やすくなる。

1️⃣表の範囲を選択し、2️⃣「ホーム」タブの3️⃣「罫線」の右の「▼」→4️⃣「格子」をクリックすると、表に格子罫線が設定される。

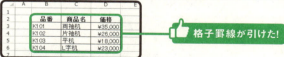

格子罫線が引けた!

COLUMN 罫線を消すには

罫線を引いたセルを選択して、「ホーム」タブの「罫線」の右の「▼」→「枠なし」をクリックすると、選択範囲の罫線を消せる。

79 ドラッグしたとおりに罫線を引くには

「罫線の作成」や「罫線グリッドの作成」を使用すると、ドラッグした範囲に罫線を引ける。罫線を引く場所をマウスでなぞって指定できるので、感覚的にわかりやすい。罫線の引き方は複数あるので、やりやすい方法を使おう。

●格子罫線を引く

1「ホーム」タブの 2「罫線」の右の「▼」→ 3「罫線グリッドの作成」をクリックすると、「罫線グリッドの作成」モードになり、ポインターが鉛筆の形になる。4 斜めにドラッグすると、格子罫線を引ける。

HINT

「罫線グリッドの作成」モードを終了するには、「Esc」キーを押す。

COLUMN 罫線の作成から削除へモードを切り替えるには

「罫線の作成」または「罫線グリッドの作成」モードのときに「Shift」キーを押しながらドラッグすると、ポインターが消しゴムに変わり、罫線を消せる。

形	モード
✎	罫線の作成
✎田	罫線グリッドの作成
✑	罫線の削除

●罫線を引く

1「ホーム」タブの「罫線」の右の「▼」→**2**「罫線の作成」をクリックすると、「罫線の作成」モードになり、ポインターが鉛筆の形になる。枠線上を水平や垂直にドラッグすると、枠線に罫線を引ける。また、**3**斜めにドラッグすると、斜線を引ける。

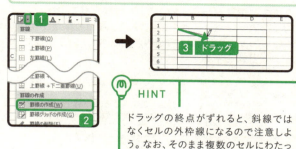

HINT

ドラッグの終点がずれると、斜線ではなくセルの外枠線になるので注意しよう。なお、そのまま複数のセルにわたって斜めにドラッグすると、複数のセルの外枠線が引かれる。

●罫線の種類を変更する

1「ホーム」タブの「罫線」の右の「▼」→**2**「線のスタイル」から**3**線の種類を選択すると、**4**点線や太線などを引ける。

HINT

色の付いた線を引きたい場合は、「線の色」から色を選んでから、シート上をドラッグする。

80 表の罫線をまとめて設定したい

「セルの書式設定」画面を使用して罫線を引くこともできる。選択範囲を、上端、下端、左端、右端、内側の縦線、内側の横線、右上がりの斜線、右下がりの斜線の8つに分類して、それぞれに罫線の種類を指定できる。

> ❶設定対象のセルを選択し、❷「Ctrl」+「1」キーを押す。もしくは、右クリックして「セルの書式設定」を選ぶ。「セルの書式設定」画面が現れたら、❸「罫線」タブの❹「スタイル」から太線を選び、❺「上端」と❻「下端」をクリックすると、プレビュー画面の上端と下端に太線が追加される。

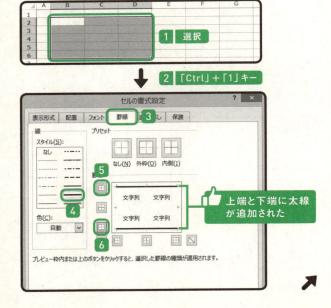

上端と下端に太線が追加された

続いて、7「スタイル」から点線を選び、8「内側の横線」をクリックすると、プレビュー画面の内側の横線に点線が追加される。最後に9「OK」をクリックすると、選択したセル範囲に指定した罫線が設定される。

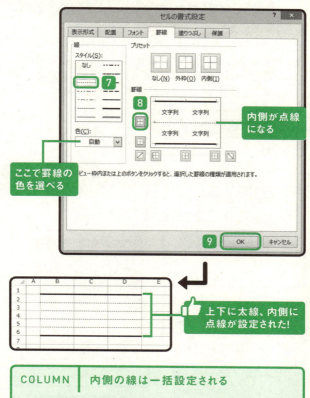

上下に太線、内側に点線が設定された!

COLUMN 内側の線は一括設定される

「内側の横線」や「内側の縦線」は、すべて同じ種類の罫線になる。「2行目の下側だけ二重線にしたい」というようなときは、別途2行目を選択して、設定しよう。

81 1行おきに色を塗って縞模様にするには

表のデータを読みやすくするために、1行おきに色を塗ることがある。先頭の2行を縞模様にしておけば、あとはオートフィルを利用して表全体を素早く縞模様にできる。作業過程でいったん表のデータがおかしくなってしまうが、最終的に元に戻るので心配しなくてもよい。

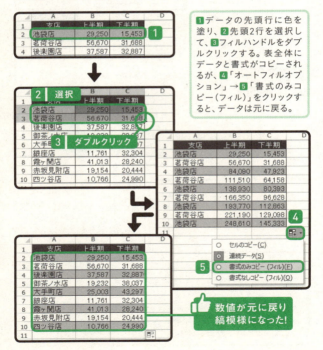

❶データの先頭行に色を塗り、❷先頭2行を選択して、❸フィルハンドルをダブルクリックする。表全体にデータと書式がコピーされるが、❹「オートフィルオプション」→❺「書式のみコピー(フィル)」をクリックすると、データは元に戻る。

数値が元に戻り縞模様になった!

82 表を一瞬で美しく装飾するには

「テーブルとして書式設定」機能を使うと、たくさんのデザインの中から選ぶだけで表を簡単に美しく装飾できる。「テーブル」については第6章180（P220）を参照のこと。

1. 表内のセルを1つ選択しておく。2.「ホーム」タブの3.「テーブルとして書式設定」をクリックし、4. 好みのデザインを選択。5. 自動認識された表の範囲を確認し、6.「OK」をクリックする。

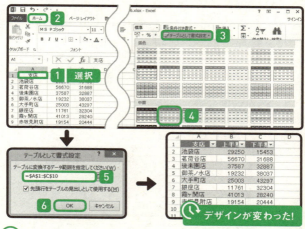

デザインが変わった！

HINT

設定後、表内のセルを選択すると、リボンに「デザイン」タブが現れる。その「テーブルスタイルのオプション」欄にある項目のオン／オフを操作すると、表のデザインを簡単に調整できる。例えば、「最初の列」をオンにすると、1列目がほかとは違う書式になる。

83 100万円超えの売り上げに自動で色を付けたい

特定の条件に当てはまるセルだけ、色を付けて目立たせたいことがある。「条件付き書式」の「セルの強調表示ルール」を使うと、「指定の値より大きい」「指定の範囲内」「指定の値に等しい」などの条件で自動的に色を付けられる。セルの値を変えると、自動で条件判定し直されるので便利だ。

❶設定対象のセルを選択。❷「ホーム」タブの❸「条件付き書式」→❹「セルの強調表示ルール」→❺「指定の値より大きい」をクリックする。

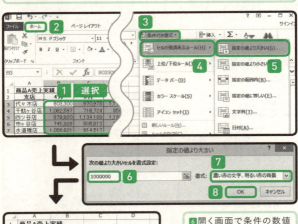

❻開く画面で条件の数値を入力。❼「書式」欄から書式(ここでは「濃い赤の文字、明るい赤の背景」)を選択して、❽「OK」をクリックする。

👍 100万超えのセルに色が付いた!

84 条件付き書式を解除するには

条件付き書式が不要になったら、解除しよう。解除も、「ホーム」タブの「条件付き書式」から行える。

> ■条件付き書式を設定したセルを選択し、■「ホーム」タブの■「条件付き書式」→■「ルールのクリア」→■「選択したセルからルールをクリア」をクリックする。

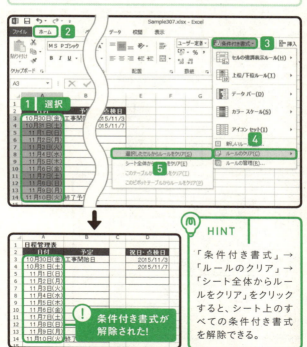

HINT

「条件付き書式」→「ルールのクリア」→「シート全体からルールをクリア」をクリックすると、シート上のすべての条件付き書式を解除できる。

85 「〇〇以上」「〇〇を含む」セルに自動で色を付けるには?

83(P102)で紹介した「セルの強調表示ルール」のメニューには「指定の値より大きい」はあるが、「指定の値以上」はない。「〇〇以上」のセルに色を塗るには、「新しい書式ルール」画面を使って設定を行う。ここでは「70以上」(70を含む)のセルに色を付ける。

1 設定対象のセルを選択して、2 「ホーム」タブの 3 「条件付き書式」→ 4 「新しいルール」をクリック。5 「指定の値を含むセルだけを書式設定」を選び、6 「セルの値」「次の値以上」「70」と指定して、7 「書式」をクリックする。

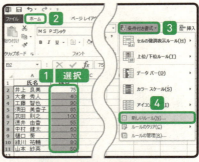

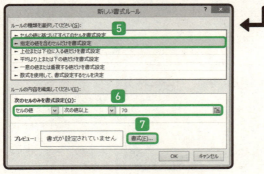

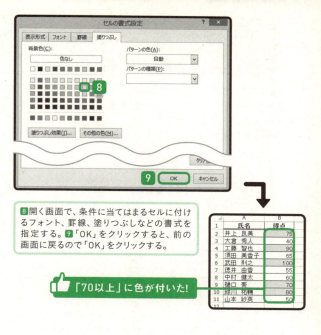

8 開く画面で、条件に当てはまるセルに付けるフォント、罫線、塗りつぶしなどの書式を指定する。9「OK」をクリックすると、前の画面に戻るので「OK」をクリックする。

👍 「70以上」に色が付いた!

第3章 セルや表の書式設定

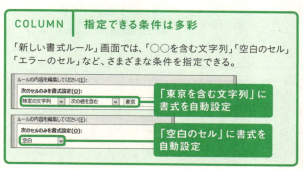

COLUMN　指定できる条件は多彩

「新しい書式ルール」画面では、「○○を含む文字列」「空白のセル」「エラーのセル」など、さまざまな条件を指定できる。

「東京を含む文字列」に書式を自動設定

「空白のセル」に書式を自動設定

86 「70以上」を黄色、「90以上」を橙色にするには

同じセル範囲に複数の条件付き書式を設定できる。ポイントは、優先順位の低い条件から先に設定することだ。ここでは、「70点以上に黄色」を設定した表に、「90点以上に橙色」という条件付き書式を追加してみよう。

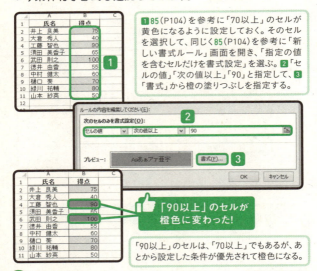

1 85（P104）を参考に「70以上」のセルが黄色になるように設定しておく。そのセルを選択して、同じく85（P104）を参考に「新しい書式ルール」画面を開き、「指定の値を含むセルだけを書式設定」を選ぶ。**2**「セルの値」「次の値以上」「90」と指定して、**3**「書式」から橙の塗りつぶしを指定する。

「90以上」のセルが橙色に変わった!

「90以上」のセルは、「70以上」でもあるが、あとから設定した条件が優先されて橙色になる。

HINT

優先順位が影響するのは、2つの条件がともに塗りつぶしの色を指定しているからだ。仮に、「70以上」に「黄色の塗りつぶし」、「90点以上」に「赤の文字色」を設定した場合、優先順位にかかわらず「90点以上」のセルは黄色の塗りつぶしと赤の文字色の両方が適用される。

87 条件付き書式の優先順位を変更するには

同じセルに複数の条件付き書式を設定するときに、設定の順序を間違えてしまったときは、「条件付き書式ルールの管理」画面で「▲」ボタンや「▼」ボタンを使用して優先順位を変更しよう。

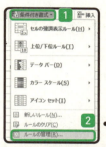

複数の条件付き書式を設定したセルを選択して、「ホーム」タブの ■1「条件付き書式」→ ■2「ルールの管理」をクリックすると、「条件付き書式ルールの管理」画面が現れ、優先順位の高い順に条件が表示される。ここでは、「70以上」「90以上」の順になっている。■3「90以上」の条件をクリックし、■4「▲」ボタンをクリックすると、「90以上」が「70以上」の上に移動し、優先順位が入れ替わる。最後に、■5「OK」をクリックする。

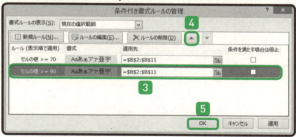

> **HINT**
>
> 条件を選択して「ルールの編集」ボタンをクリックすると、条件や書式を修正できる。また、「ルールの削除」ボタンをクリックすると、複数の条件付き書式のうち、選択したものだけを解除できる。

88 日程表の土日を塗り分けたい

日程表の土曜日を青、日曜日を赤で塗り分けてみよう。ここでは、WEEKDAY関数を使用して日程表の日付から曜日番号を求め、それを条件として条件付き書式で色を塗る。

まずは、土曜日を青にする。**1**日付のセルを選択し、「ホーム」タブ→「条件付き書式」→「新しいルール」をクリックする。設定画面が開いたら、**2**「数式を使用して、書式設定するセルを決定」を選択し、**3**「=WEEKDAY(A3)=7」と入力。**4**「書式」から青系の塗りつぶしを選択して、**5**「OK」をクリックする。

HINT
「WEEKDAY(日付)」とすると、指定した日付の曜日番号が求められる。曜日番号は、日曜日が1、月曜日が2…、土曜日が7。「WEEKDAY(A3)」が「7」なら、セルA3の日付は土曜日と判定できる。

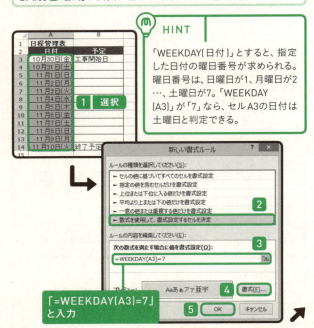

「=WEEKDAY(A3)=7」と入力

次に、日曜日を赤にする。引き続き日付のセルを選択したまま、「条件付き書式」→「新しいルール」をクリックする。6「数式を使用して、書式設定するセルを決定」を選択し、7「=WEEKDAY(A3)=1」と入力。8「書式」から赤系の塗りつぶしを選択して、9「OK」をクリックする。

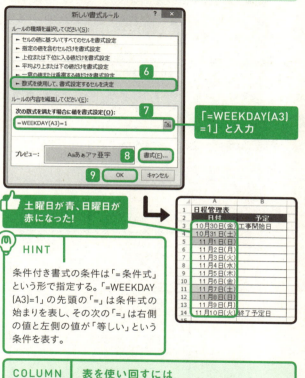

「=WEEKDAY(A3)=1」と入力

土曜日が青、日曜日が赤になった!

HINT

条件付き書式の条件は「= 条件式」という形で指定する。「=WEEKDAY(A3)=1」の先頭の「=」は条件式の始まりを表し、その次の「=」は右側の値と左側の値が「等しい」という条件を表す。

COLUMN　表を使い回すには

日付を入力し直せば、即座に土日の色分けも修正される。「日付」欄を増やしたい場合は最終行を選択して、オートフィルを行うと、簡単に新しい行に条件付き書式をコピーできる。

89 日程表の祝日も塗り分けたい

88（P108）の日程表を改良して、祝日や創立記念日などの休日も赤で色分けされるようにしよう。

> ❶休日欄を設け、祝日や創立記念日などの休日を入力しておく。❷日付のセルを選択し、「ホーム」タブ→「条件付き書式」→「新しいルール」をクリックする。設定画面が開いたら、❸「数式を使用して、書式設定するセルを決定」を選択し、❹「=COUNTIF($D$3:$D$6,A3)>=1」と入力。❺「書式」から日曜日と同じ塗りつぶしの色を選択して、❻「OK」をクリックする。

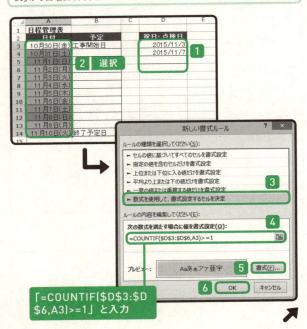

「=COUNTIF($D$3:$D$6,A3)>=1」と入力

	A	B	C	D
1	日程管理表			
2	日付	予定		祝日・点検日
3	10月30日(金)	工事開始日		2015/11/3
4	10月31日(土)			2015/11/7
5	11月1日(日)			
6	11月2日(月)			
7	11月3日(火)			
8	11月4日(水)			
9	11月5日(木)			
10	11月6日(金)			
11	11月7日(土)			
12	11月8日(日)			
13	11月9日(月)			

「11月3日」が赤に変わる

「11月7日」は土曜日だがあとから設定した条件が優先されて、青から赤に変わる

HINT

「COUNTIF($D$3:$D$6,A3)」とすると、セルA3と同じ日付がセルD3～D6の中に何個含まれるかが求められる。その数が1以上であれば、セルA3の日付は休日であると判断できる。なお、休日欄はセルD3～D6に固定されるので絶対参照（第4章**95**〈P118〉参照）で指定する。

COLUMN　日付の「年」に注意

セルに「月日」しか表示されていなくても、セルには「年」を含めた日付が保存されているので、日程表と休日欄の「年」を一致させる必要がある。日付の「年」は数式バーで確認できる。

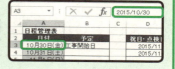

COLUMN　本日の日付に自動で色を付けるには

日付のセルを選択して、「条件付き書式」→「セルの強調表示ルール」→「日付」をクリック。表示される画面で「今日」を選ぶと、本日の日付に書式設定できる。

第3章　セルや表の書式設定

| 第 4 章 |

面倒な作業も一瞬で完了!
数式と関数の利用

「数式」と「関数」は、エクセルになくてはならない代表的な機能。数式とは、一般に言う「計算式」のこと。そして関数は複雑な処理を簡単に行うための「仕組み」です。

エクセルの関数は実に多彩です。「特定の商品だけの金額を合計したい」「社員の営業成績に順位を付けたい」などの処理を、関数ひとつで簡単に行えます。

90 数式を入力するには

表計算ソフト「エクセル」の醍醐味は、何と言っても計算が簡単に行えること。数式（計算式のこと）は「＝計算式」の形式で入力する。数式の中にセル番号を入れると、セルに入力されているデータを使った計算が行える。セルのデータを修正すると、即座に計算結果も変化するので便利だ。

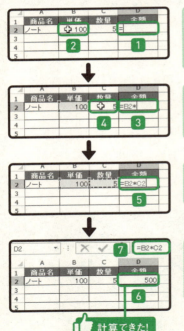

ここでは「単価×数量」を計算する。日本語入力をオフにした状態で、1「金額」欄に「＝」と入力して、2セルB2をクリック。

「金額」欄に「＝B2」と入力されたら、3「*」と入力して、4セルC2をクリック。「*」は掛け算の演算子だ。

「金額」欄に「＝B2*C2」と入力されたのを確認したら、5「Enter」キーを押す。

6「金額」欄に「100×5」の結果の「500」が表示される。そのセルを選択すると、7数式バーで数式を確認できる。

計算できた！

91 演算子の種類を教えて!

「演算子」とは、「+」や「*」など、計算を割り当てた記号のこと。ここでは、よく使う演算子をまとめておこう。

	数式	結果	
+	=3+2	5	(足し算)
-	=3-2	1	(引き算)
*	=3*2	6	(掛け算)

	数式	結果	
/	=3/2	1.5	(割り算)
^	=3 ^ 2	9	(べき乗)
&	="A" & "B"	AB	(文字列結合)

92 数式を修正するには

数式を入れたセルをダブルクリックすると、セルに数式が表示され、数式で使用しているセルが色枠で囲まれる。例えば、「= B2*C2」と入力されたセルをダブルクリックすると、セルB2とセルC2が色枠で囲まれる。セルB2の色枠をドラッグしてセルB3に移動すると、数式は「= B3*C2」に修正される。また、セルに表示された数式の文字を直接修正してもよい。

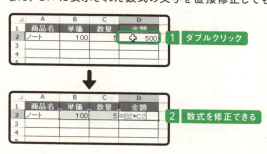

93 数式をコピーするには

表に数式を入れるには、オートフィルが便利だ。先頭のセルに数式を入力し、フィルハンドルをドラッグしてオートフィルを実行すると、先頭の数式を隣接するセルに素早くコピーできる。コピーした数式中のセル番号は自動的にずれるので、コピー先でも常に正しい計算結果が得られる。

1「金額」欄のセルD2を選択する。2このセルに入力されている「=B2*C2」という数式をコピーするには、3セルD2の右下隅のフィルハンドルにポインターを合わせ、4ドラッグする。

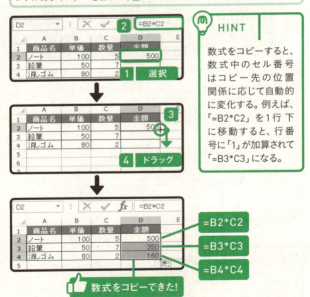

HINT

数式をコピーすると、数式中のセル番号はコピー先の位置関係に応じて自動的に変化する。例えば、「=B2*C2」を1行下に移動すると、行番号に「1」が加算されて「=B3*C3」になる。

数式をコピーできた!

94 数式をコピーしたら書式が崩れてしまった！

オートフィルを使用して数式をコピーすると、先頭のセルに設定されていた書式も一緒にコピーされる。そのため、縞模様や罫線が崩れてしまい、驚くことがある。そんなときは、「書式なしコピー」を実行して、元の書式に戻せばよい。

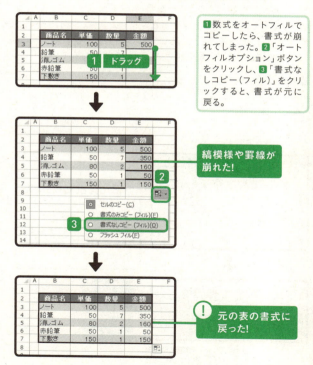

1 数式をオートフィルでコピーしたら、書式が崩れてしまった。2「オートフィルオプション」ボタンをクリックし、3「書式なしコピー（フィル）」をクリックすると、書式が元に戻る。

縞模様や罫線が崩れた！

元の表の書式に戻った！

95 コピーしたときセル番号を変化させたくない

数式をコピーすると、コピー先の位置関係に応じて数式中のセル番号が自動でずれる。そのようなセル番号の指定方法を「相対参照」と呼ぶ。93(P116)で紹介したように、たいていの場合はセル番号がずれることで計算がうまくいく。

ところが、下の例のように、セル番号がずれるとエラーになることもある。セル番号をずらしたくないときは、「絶対参照」で指定してセル番号を固定しておこう。行番号と列番号の前にそれぞれ「$」記号を付けると、絶対参照になる。

●相対参照で計算した失敗例

1「=B2/B5」という数式を立てて、各人数を合計人数で割って割合を計算した。**2** この数式をオートフィルでコピーすると、**3** コピー先でエラーが出てしまう。コピー先でセル「B5」が「B6」「B7」とずれてしまい、正しい合計人数で割れないためだ。

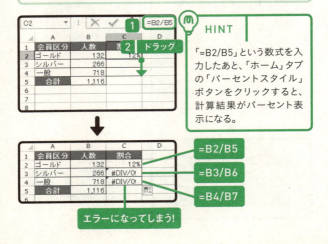

HINT

「=B2/B5」という数式を入力したあと、「ホーム」タブの「パーセントスタイル」ボタンをクリックすると、計算結果がパーセント表示になる。

エラーになってしまう!

●絶対参照で計算した成功例

数式を入れ直そう。**1**「=B2/B5」まで入力できたら、**2**「F4」キーを押す。すると、セルB5が絶対参照になって、**3**数式が「=B2/$B$5」になる。**4**数式を入れたセルを、オートフィルでコピーする。

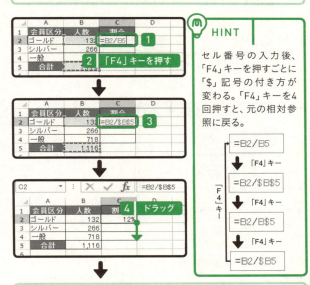

相対参照で指定した「人数」のセルは「B2」「B3」「B4」と変化するが、絶対参照で指定した「合計人数」のセルは「$B$5」に固定され、それぞれの人数を常に正しい合計人数で割ることができる。

正しく計算できた!

第4章 数式と関数の利用

96 行方向だけ、または列方向だけを固定するには

95（P118）で紹介した相対参照（「A1」形式）と絶対参照（「$A$1」形式）のほかに、行または列のみを固定する「複合参照」がある。行のみに「$」を付けて「A$1」形式で指定すると、コピー時に行を固定できる。また、列のみに「$」を付けて「$A1」形式で指定すると、列を固定できる。

複合参照を使って、「九九」の表を作る。まず、■1「1×1」のセルに「=$A3*B$2」と入力。■2そのセルを選択して、右方向にオートフィルを実行する。さらに、■31の段のセルを選択して、■4下方向にオートフィルを実行する。

HINT

元の式「=$A3*B$2」の「$A3」は、どのセルにコピーしても列番号「A」が固定される。また、「B$2」は、どのセルにコピーしても行番号「2」が固定される。

97 ワンタッチで合計を求めたい！

実務でもっとも頻繁に行われる計算は「合計」だろう。エクセルでは合計計算が手早く行えるように「オートSUM」ボタンが用意されている。ボタン一発で、合計対象のセルを自動で探して計算してくれる便利機能だ。

■1 合計を表示するセルを選択して、■2 「数式」タブの ■3 「オートSUM」をクリックする。すると、合計を求めるSUM（サム）関数の数式が自動入力される。■4 合計対象のセル（ここではセルB3～B5）の周囲が点滅していることを確認して、■5 「Enter」キーを押すと、合計値が表示される。

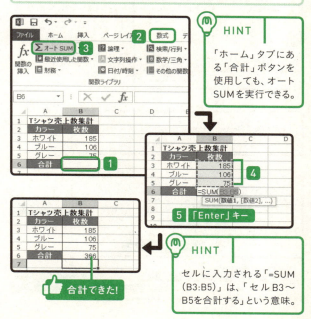

HINT　「ホーム」タブにある「合計」ボタンを使用しても、オートSUMを実行できる。

HINT　セルに入力される「=SUM(B3:B5)」は、「セルB3～B5を合計する」という意味。

合計できた！

第4章　数式と関数の利用

98 自動認識された合計対象の範囲が間違っている!

「オートSUM」ボタンをクリックしたときに合計対象として自動認識されるのは、選択したセルの上、または左に隣接している数値のセルだ。自動認識されたセルが目的とは異なる場合は、計算対象のセルをドラッグして指定し直そう。

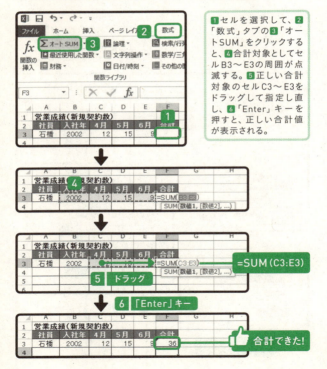

1 セルを選択して、2「数式」タブの 3「オートSUM」をクリックすると、4 合計対象としてセルB3～E3の周囲が点滅する。5 正しい合計対象のセルC3～E3をドラッグして指定し直し、6「Enter」キーを押すと、正しい合計値が表示される。

合計できた!

99 データの平均や個数を求めるには

「オートSUM」右の「▼」ボタンのメニューから、平均や数値の個数、最大値、最小値を求めることができる。操作は、合計を求める手順と同じだ。ここでは、例として平均を求めてみよう。

1. 平均を表示するセルを選択して、2「数式」タブの 3「オートSUM」の右の「▼」→ 4「平均」をクリックする。AVERAGE(アベレージ)関数の数式が自動入力される。5 計算対象のセル(ここではセルB3～B7)の周囲が点滅していることを確認して、6「Enter」キーを押すと、平均値が表示される。

HINT

平均値に小数点以下の端数が出る場合は、第3章67(P86)を参考に処理するとよい。

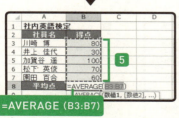

=AVERAGE (B3:B7)

6「Enter」キー

計算できた!

100 複数のシートにまたがる表を串刺しして合計するには

複数のシートの同じ位置のセルを串刺しにして合計することを「3-D集計」と呼ぶ。「オートSUM」機能を使えば、3-D集計も思いのままに実行できる。

● 3-D集計の数式

今回入力する式は、「=SUM(横浜店:元町店!B3)」。「横浜店」シートから「元町店」シートまでのセルB3を合計する、という意味だ。

● 3-D集計を行う

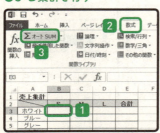

1 「集計」シートのセルB3を選択して、2 「数式」タブの 3 「オートSUM」をクリックする。

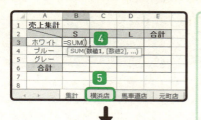

4 セルに「=SUM()」と入力されたら、5「横浜店」シートのシート見出しをクリック。「横浜店」シートに切り替わるので、6 セルB3をクリックする。続いて、7「Shift」キーを押しながら「元町店」シートをクリックし、8「Enter」キーを押す。

9 セルに「=SUM(横浜店:元町店!B3)」と入力され、10「横浜店」シートから「元町店」シートまでのセルB3の合計が表示される。セルB3を選択して、11 オートフィルを実行すれば、表内の全セルで3-D集計が行える。

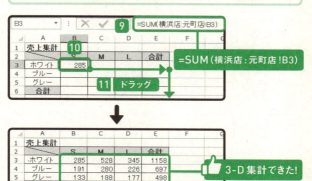

101 関数って何?

関数とは、「引数(ひきすう)」と呼ばれるデータをもとに、計算や加工を行う仕組みのことだ。セルに関数を入力すると、その結果が表示される。例えば、セルにSUM(サム)関数を入れると、引数の数値の合計が求められる。また、UPPER(アッパー)関数を入れると、引数の英字を大文字に変換できる。エクセルには多数の関数が用意されており、引数の種類や数は関数によって決められている。

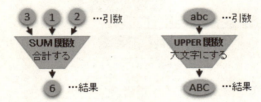

関数の書式

```
=関数名(引数1,引数2,…)
=SUM(3,1,2)
=UPPER("abc")
```

セルに関数を入力するときは、「=関数名」に続けて、半角のカッコの中に引数を入力する。引数が複数ある場合は、半角のカンマ「,」で区切る。引数に文字列を指定するときは、文字列をダブルクォーテーション「"」で囲む。

COLUMN　新関数は下位バージョンで使えない

エクセルのバージョンが上がるごとに、新しい関数が追加されている。新関数は追加前の下位バージョンでは使えないので注意しよう。新関数を使ったファイルを下位バージョンで開いた場合、最初は結果が正しく表示されるが、引数を修正したときなど、再計算されるタイミングでエラーが出る。

102 関数を入力するには

関数の最速の入力手段は、キーボードから手入力する方法だ。手入力といっても入力補助機能が働くので、つづりや構文がうろ覚えでも安心して入力できる。

ここでは、LEFT関数を使用して、セルB1の文字列から先頭2文字を抜き出す。❶半角で「=L」を入力すると、「L」から始まる関数が一覧表示される。❷「↓」キーで「LEFT」に合わせて「Tab」キーを押すか、直接「LEFT」をダブルクリックする。

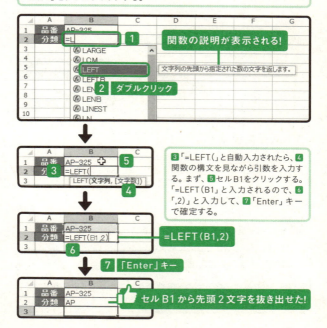

第4章 数式と関数の利用

103 データの個数を数えるには

データ数を求める関数には、COUNT（カウント）関数とCOUNTA（カウントエー）関数がある。COUNT関数は数値が入力されたセルを数えるのに対して、COUNTA関数はデータの種類にかかわらず入力済みのセルの数を数える。

●「店舗」と「駐車台数」のデータをカウントする

COUNTA関数を使って、「店舗」欄から店舗数を求める。また、COUNT関数を使って、「駐車台数」欄から駐車場を持つ店舗数（数値データの数）を求める。

=COUNTA（値1 [, 値2] …）

指定した「値」に含まれるデータの数を求める。未入力のセルはカウントされない。数式の結果として何も表示されていないセルは、カウントされる。

=COUNT（値1 [, 値2] …）

指定した「値」に含まれる数値の数を求める。数式の結果としてセルに表示されている数値もカウント対象。日付も数値の一種なので対象になる。

COLUMN　省略可能な引数もある

引数には指定が必須なものと省略可能なものがある。本書では、省略可能な引数を角カッコ「[ ]」で囲んで表記する。

104 合計や平均を求めるには

数値の合計を求めるには、SUM（サム）関数を使う。また、平均を求めるにはAVERAGE（アベレージ）関数を使う。いずれも「数式」タブの「オートSUM」から入力できるが、もちろん手入力もOKだ。

● 「売上数」欄の合計と平均を求める

「売上数」を対象に、SUM関数で合計、AVERAGE関数で平均を求める。

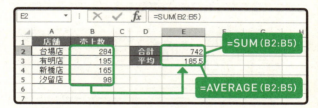

=SUM（数値1 [, 数値2] …）

指定した「数値」の合計を求める。

=AVERAGE（数値1 [, 数値2] …）

指定した「数値」の平均を求める。

COLUMN　平均値に端数が出たときは

データによっては平均値が小数になる。「ホーム」タブの「小数点以下の表示桁数を減らす」ボタンを使うと、小数部の桁を減らすことができる。

105 最大値や最小値を求めるには

数値の最大値はMAX（マックス）関数、最小値はMIN（ミニマム）関数で求める。得点表から第1位と最下位の点数を求めたり、売上表からトップやワーストの売上を調べたりするときに役に立つ。

●「売上数」欄の最大値と最小値を求める

「売上数」を対象に、MAX関数で最大値、MIN関数で最小値を求める。

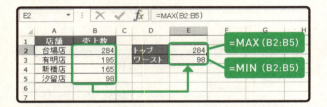

=MAX（数値1［, 数値2］…）

指定した「数値」の最大値を求める。

=MIN（数値1［, 数値2］…）

指定した「数値」の最小値を求める。

COLUMN　複数のセル範囲から計算するには

COUNT、COUNTA、SUM、AVERAGE、MAX、MIN関数はいずれも、引数に複数の範囲を指定できる。例えば、セルB2〜B5とセルD2〜D5の中から最大値を求めたい場合、式は以下のようになる。
=MAX（B2:B5,D2:D5）

106 あとから追加したデータも自動で計算に加えたい！

SUM関数の引数に数値の範囲をピッタリ指定すると、あとからデータを追加したときに引数を修正しなければならず面倒だ。列内に合計対象の数値しか入力されていないなら、引数として列全体を指定してしまおう。

● 「売上数」欄の合計を求める

B列に入力されている全数値を対象に、SUM関数で合計を求める。引数は、B列全体を意味する「B:B」と指定する。「=SUM(」まで入力したあと、B列の列番号をクリックすると、「B:B」と自動で入力できる。なお、セルB1に入力されている「売上数」という文字は、SUM関数では無視される。ちなみに、日付は数値の一種と見なされるので、B列に入力しないこと。

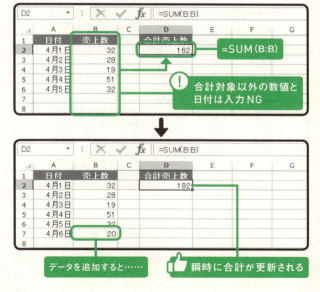

第4章 数式と関数の利用

107 累計を求めるには

SUM関数の引数の始点を絶対参照、終点を相対参照で指定すると、累計を計算できる。例えば、セルB2が累計の始点の場合、「=SUM($B$2:B2)」と指定する。この式をコピーすると、始点の「$B$2」は固定されたまま、終点の「B2」は「B3」「B4」「B5」と変わる。

● 「売上数」の累計を求める

「売上数」の累計を求める。先頭のセルに「=SUM($B$2:B2)」と入力。そのセルを選択して右下角をドラッグし、数式をコピーする。

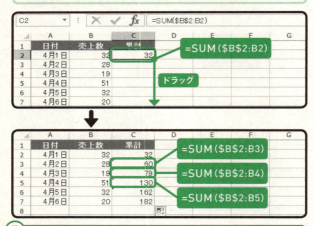

HINT

累計を求めたセルの左上に現れる緑色の三角形は、「エラーインジケーター」と呼ばれる記号で、数式に間違いの可能性がある場合に表示される。今回のように間違っていない場合は無視してかまわない。気になる場合は、141(P171)を参考に非表示にしよう。

108 順位を求めるには

RANK.EQ（ランクイコール）関数を使うと、指定した範囲の中での順位を求めることができる。得点表などで各自の順位を求めるときは、全体の範囲を指定するとき絶対参照にすることがポイントだ。

● 「得点」から順位を求める

各受験者の順位を求める。引数「数値」に各自の得点、引数「参照」に全体の得点を指定。大きい順の順位を求めるので引数「順序」は省略。全体の得点は、数式をコピーしたときに変化しないように、絶対参照で指定すること。

=RANK.EQ(数値, 参照 [, 順序])

引数「参照」の範囲の中での、引数「数値」の順位を求める。引数「順序」に「0」を指定するか省略すると、大きい順の順位が求められる。1を指定すると、小さい順の順位が求められる。

COLUMN　RANK関数

RANK.EQ関数は、エクセル2010で登場した新関数だ。エクセル2007までは、RANK.EQ関数と同等のRANK（ランク）関数を使用していた。関数の用法は同じなので、RANK関数を含む表をそのまま新しいバージョンのエクセルでも使える。
=RANK(C2,$C$2:$C$6)

109 数値を四捨五入するには

ROUND（ラウンド）関数を使うと、数値を指定した桁で四捨五入できる。使いこなしのポイントは、第2引数「桁数」の指定だ。四捨五入して整数にしたい場合は、引数「桁数」に「0」を指定する。詳細は下表を参照のこと。

●「15％引き」の金額を四捨五入して整数にする

「15％引き」欄のセルC2には、「=B2*0.85」が入力されており、その結果の端数をROUND関数で四捨五入する。なお、引数「数値」にセルC2を指定する代わりに、直接「B2*0.85」を指定して、「=ROUND(B2*0.85,0)」としてもよい。

	A	B	C	D
1	商品名	単価	15％引き	端数処理
2	ペンケース	310	263.5	264
3	ボールペン	125	106.25	106
4	消しゴム	98	83.3	83
5	鉛筆	88	74.8	75

D2 =ROUND(C2,0)

=ROUND(C2,0)

=ROUND(数値, 桁数)

指定した「数値」を指定した「桁数」に四捨五入する。四捨五入して整数にしたい場合は、引数「桁数」に「0」を指定する。また、正数を指定すると小数部、負数を指定すると整数部を四捨五入できる。

●ROUND関数の引数「桁数」の指定例

桁数	使用例	結果（セルA1の値は「1234.567」）
2	=ROUND(A1,2)	1234.57
1	=ROUND(A1,1)	1234.6
0	=ROUND(A1,0)	1235
-1	=ROUND(A1,-1)	1230
-2	=ROUND(A1,-2)	1200

110 数値を切り上げ／切り捨てするには

109（P134）で紹介したROUND（ラウンド）関数の仲間に、切り上げをするROUNDUP（ラウンドアップ）関数と、切り捨てをするROUNDDOWN（ラウンドダウン）関数がある。どちらも使い方はROUND関数と同じだ。

● 「単価」の100円未満を切り上げ／切り捨てする

> ROUNDUP関数を使って、「単価」の100円未満の数値を切り上げる。また、ROUNDDOWN関数を使って、「単価」の100円未満の数値を切り捨てる。いずれの関数も、引数「数値」に単価、引数「桁数」に「-2」を指定する。

	A	B	C	D	E
1	商品名	単価	割引単価		
2			100円未満切り上げ	100円未満切り捨て	
3	書庫	34,630	34,700	34,600	
4	デスク	16,980	17,000	16,900	
5	チェア	8,500	8,500	8,500	
6	ワゴン	9,250	9,300	9,200	

C3セル: =ROUNDUP(B3,-2)

=ROUNDUP(B3,-2)　　=ROUNDDOWN(B3,-2)

第4章 数式と関数の利用

> =ROUNDUP(数値, 桁数)
>
> 指定した「数値」を指定した「桁数」に切り上げる。切り上げて整数にしたい場合は、引数「桁数」に「0」を指定する。「桁数」の詳細は109参照。

> =ROUNDDOWN(数値, 桁数)
>
> 指定した「数値」を指定した「桁数」に切り捨てる。切り捨てて整数にしたい場合は、引数「桁数」に「0」を指定する。「桁数」の詳細は109参照。

111 小数点以下を切り捨てて簡単に整数にするには

INT（インテジャー）関数を使用すると、数値の小数点以下を切り捨てて整数にできる。ROUNDDOWN関数と違い、引数は「数値」だけで、桁数の指定はいらない。切り捨てて整数にしたいなら、ROUNDDOWN関数より簡単だ。

●消費税率を掛けた金額の端数を切り捨てる

セルC3には、「=B3*$C$2」が入力されており、その結果の端数をINT関数で切り捨てる。なお、引数「数値」にセルC3を指定する代わりに、直接「B3*$C$2」を指定して、「=INT(B3*$C$2)」としてもよい。

商品名	税抜単価	消費税 8%	端数処理
ラック	9860	788.8	788
電話台	8340	667.2	667
下駄箱	5670	453.6	453
傘立て	3530	282.4	282

D3: =INT(C3)

=INT(数値)

指定した「数値」を、「数値」以下のもっとも近い整数に切り捨てる。「数値」が負数の場合、ROUNDDOWN関数と異なる結果になるので要注意だ。

●INT関数とROUNDDOWN関数の違い

セルA1の値	INT(A1)	ROUNDDOWN(A1,0)
2.8	2	2
1.5	1	1
-0.6	-1	0
-1.3	-2	-1
-2.4	-3	-2

112 条件に合うデータの個数を求めたい

指定した範囲の中で、条件に当てはまるものだけをカウントするには、COUNTIF（カウントイフ）関数を使う。条件の指定方法次第でさまざまなカウントが可能だ。

●「所属」欄から「営業部」をカウントする

セルE2に入力されているデータ（ここでは「営業部」）を申込者リストの「所属」欄から探してカウントする。COUNTIF関数の引数「条件範囲」に「所属」欄のセルB3～B8、引数「条件」にセルE2を指定すればよい。

=COUNTIF（条件範囲, 条件）

指定した「条件範囲」の中から「条件」に合うデータ数を求める。引数「条件」には、セル番号のほか、条件となるデータを直接指定することも可能。直接指定する場合の指定方法は下表参照。

●引数「条件」の指定例

条件の種類	指定方法	指定例
数値	そのまま入力	=COUNTIF(A1:A5,3)
文字列	「"」で囲む	=COUNTIF(A1:A5,"営業部")
日付	「"」で囲む	=COUNTIF(A1:A5,"2016/1/4")

113 条件に合うデータの合計を求めたい

指定した範囲の中で、条件に当てはまる行の数値を合計するには、SUMIF（サムイフ）関数を使う。条件の指定方法は、112（P137）で紹介したCOUNTIF関数と同じだ。

●「商品分類」が「エアコン」の売上高を合計する

「商品分類」が「エアコン」（セルF2の値）であるデータの売上高の合計を求める。SUMIF関数の引数「条件範囲」に「商品分類」欄のセルB3～B8、「条件」にセルF2、「合計範囲」に「売上高」欄のセルC3～C8を指定する。

=SUMIF（条件範囲, 条件 [, 合計範囲]）

指定した「条件範囲」の中から「条件」に合うデータを探し、見つかった行の「合計範囲」のデータを合計する。「合計範囲」を省略した場合、「条件範囲」のデータが合計対象となる。

> **COLUMN　条件に合うデータの平均を求めるには**
>
> AVERAGEIF（アベレージイフ）関数を使用すると、条件に合うデータの平均を求められる。使い方はSUMIF関数と同じだ。
> =AVERAGEIF（条件範囲, 条件, 平均範囲）

114 「○以上」という条件でデータ数や合計を求めたい

COUNTIF関数やSUMIF関数で比較演算子を使用した条件を指定すると、「○以上」「○より大きい」「○でない」など、範囲を条件とした集計が行える。

●「年齢」が40歳以上のデータを集計する

顧客リストから「年齢」が40歳以上（「40」はセルF2に入力）の人数と購入金額の合計を求める。引数「条件」には、「">=" & F2」と指定する。セルF2の値は「40」なので、指定した条件は「">=40"」と同じになる。

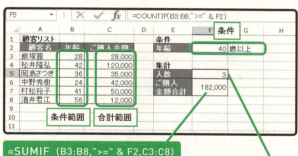

=SUMIF（B3:B8,">=" & F2,C3:C8）

=COUNTIF（B3:B8,">=" & F2）

●比較演算子の種類

比較演算子	説明	使用例	意味
>=	以上	">=40"	40以上
>	より大きい	">40"	40より大きい
<=	以下	"<=40"	40以下
<	より小さい	"<40"	40より小さい
<>	等しくない	"<>40"	40に等しくない

115 「○○を含む」という条件でデータ数や合計を求めたい

COUNTIF関数やSUMIF関数でワイルドカードを使用すると、「○○を含む」「○○で始まる」といった、あいまいな条件で集計が行える。ワイルドカードには0文字以上の任意の文字列を表す「*」と、任意の1文字を表す「?」がある。

●「販売地」が「東京」で始まるデータを集計する

売上データから「販売地」が「東京」(「東京」はセルE2に入力)で始まるデータの個数と販売金額の合計を求める。引数「条件」に「E2 & "*"」と指定すると、条件は「"東京*"」となり、「東京で始まる」という意味になる。

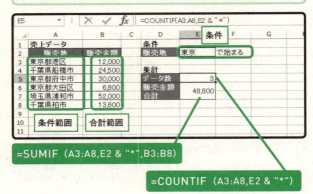

=SUMIF（A3:A8,E2 & "*",B3:B8）

=COUNTIF（A3:A8,E2 & "*"）

●ワイルドカードを使用した条件の指定例

指定例	意味	一致するデータの例
"*東京*"	「東京」を含む	東京、東京駅、首都東京
"*東京"	「東京」で終わる	東京、首都東京
"東京*区"	「東京」で始まり「区」で終わる	東京都港区、東京都大田区
"東京?区"	「東京」+1文字+「区」	東京都港区

116 「○かつ△」という条件でデータ数を求めたい

COUNTIF関数では条件を1つしか指定できないが、複数形版のCOUNTIFS（カウントイフエス）関数なら複数の条件を指定できる。「条件範囲」と「条件」のペアを複数指定すると、そのすべてに当てはまるデータ数がわかる。「○かつ△」という条件でカウントしたいときに役に立つ。

●30歳以下の営業部の人数を求める

申込者リストの「年齢」が30歳以下（「30」はセルF2に入力）、「所属」が「営業部」であるデータをカウントする。引数「条件1」の「"<="& F2」は、「"<=30"」と同じ意味になる。

=COUNTIFS(条件範囲1, 条件1 [, 条件範囲2, 条件2], …)

それぞれの「条件範囲」の中から「条件」に合うデータを探し、すべての条件に当てはまるデータをカウントする。

> **COLUMN　セルの条件を変更すると集計し直せる**
>
> セルF2とセルF3の条件を入力し直すと、COUNTIF関数の結果も変わる。例えば、セルF2を「40」、セルF3を「総務部」に変更すると、「40歳以下の総務部」の人数が計算し直される。

117 「○以上△以下」の条件で合計を求めたい

SUMIFS（サムイフエス）関数は、SUMIF関数の複数形版。「条件範囲」と「条件」のペアを複数指定して、すべての条件に当てはまるデータの合計を計算できる。「○以上△以下」を条件としたいなら、「○以上」と「△以下」の2つの条件を指定すればよい。

●30歳以上39歳以下の社員の売上合計を求める

「年齢」が30歳以上39歳以下（「30」はセルF2、「39」はセルF3に入力）である社員の「売上高」を合計する。ここでは引数「条件1」に「">=" & F2」、「条件2」に「"<=" & F3」を指定したが、これは次の数式と同等になる。
=SUMIFS(C3:C8,B3:B8,">=30",B3:B8,"<=39")

	A	B	C	D	E	F	G	H
						=SUMIFS(C3:C8,B3:B8,">=" & F2,B3:B8,"<=" & F3)		
1	売上成績				条件			条件1
2	社員名	年齢	売上高		年齢	30	歳以上	
3	髙田 佳彦	45	925,000			39	歳以下	
4	大沢 博	38	612,000					
5	市川 優子	36	384,000		集計			条件2
6	三田 智也	30	415,000		売上合計	1,411,000		
7	松井 信宏	27	289,000					
8	吉澤 美紀	24	164,000		=SUMIFS(C3:C8,B3:B8,">="			
9					& F2,B3:B8,"<=" & F3)			
10	条件範囲1、2		合計範囲					

=SUMIFS(合計範囲,条件範囲1,条件1[,条件範囲2,条件2],…)

それぞれの「条件範囲」の中から「条件」に合うデータを探し、すべての条件に当てはまる行の「合計範囲」のデータを合計する。

HINT

SUMIF関数とSUMIFS関数では、引数の並び順が異なるので注意しよう。SUMIF関数では「条件範囲」「条件」「合計範囲」の順だが、SUMIFS関数では「合計範囲」が1番目になる。

118 得点に応じて合否を判定するには

「60点以上なら合格、それ以外なら不合格」という具合に、条件によって表示する値を切り替えるには、IF（イフ）関数を使う。条件式を正しく組み立てることがポイントだ。

●60点以上に「合格」、それ以外に「不合格」と表示する

「得点」が60以上なら「合格」、それ以外なら「不合格」と表示する。IF関数の引数「論理式」に「B3>=60」、「真の場合」に「"合格"」、「偽の場合」に「"不合格"」を指定する。

=IF（論理式, 真の場合, 偽の場合）

「論理式」に条件式を指定して、条件が成り立つ場合は「真の場合」、成り立たない場合は「偽の場合」の値を表示する。

●「論理式」の指定例

指定例	説明
B3>100	セルB3の値が100より大きければ成立
B3<=100	セルB3の値が100以下であれば成立
B3=100	セルB3の値が100に等しければ成立
B3<>C3	セルB3の値がセルC3の値と等しくなければ成立
B3="営業部"	セルB3の値が「営業部」であれば成立

119 得点に応じて「A」「B」「C」の3段階にランク分けするには

1つのIF関数で表示切替できるのは「真の場合」と「偽の場合」の2通りだが、IF関数の引数としてIF関数を入れれば、3通りの表示が可能になる。IF関数の入れ子構造では、条件判定の流れを整理して考えるとわかりやすい。

● 70点以上は「A」、50点以上は「B」、それ以外は「C」

まず、「得点」が70以上かどうかを判定し、70点以上なら「A」と表示する。それ以外なら50点以上かどうかを判定し、50点以上なら「B」、それ以外なら「C」と表示する。結果として「B」となるのは、50点以上70点未満。条件判定の流れは、下図のとおりだ。

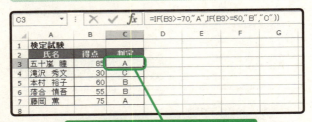

● 条件判定の流れ

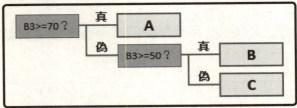

120 複数の条件を「かつ」で組み合わせて判定するには

「条件Aかつ条件B」というように、複数の条件がすべて成立するときに表示を切り替えたい場合は、IF関数の引数「論理式」にAND（アンド）関数を指定する。

●「仏語」と「独語」がともに60点以上なら「合格」

AND関数を使用して、「仏語」が60点以上、かつ「独語」が60点以上かどうかを判定。それをIF関数の引数「論理式」に組み込み、成立する場合は「合格」と表示し、そうでない場合は何も表示しない。「""」は何も表示しないということ。

	A	B	C	D	E	F	G
1	外国語試験						
2	氏名	仏語	独語	判定			
3	小林 恭一	80	70	合格			
4	梅宮 智香	55	80				
5	桜井 吾郎	40	50				
6	大石 元也	60	70	合格			
7	荻原 奈々	70	50				

D3: `=IF(AND(B3>=60,C3>=60),"合格","")`

`=IF(AND(B3>=60,C3>=60),"合格","")`

`=AND(論理式1 [,論理式2] …)`

指定した「論理式」がすべて成立する場合に成立、それ以外は不成立とする。

COLUMN　AND関数

「AND(条件1, 条件2)」のように2つの条件を指定した場合の結果は右表のとおり。

条件1	条件2	結果
成立	成立	成立
成立	不成立	不成立
不成立	成立	不成立
不成立	不成立	不成立

第4章 数式と関数の利用

121 複数の条件を「または」で組み合わせて判定するには

「条件Aまたは条件B」というように、複数の条件のうち少なくとも1つが成立する場合に表示を切り替えたい場合は、IF関数の引数「論理式」にOR(オア)関数を指定する。

●「仏語」または「独語」が60点以上なら「合格」

> OR関数を使用して、「仏語」が60点以上、または「独語」が60点以上かどうかを判定。それをIF関数の引数「論理式」に組み込み、成立する場合は「合格」と表示し、そうでない場合は何も表示しない。

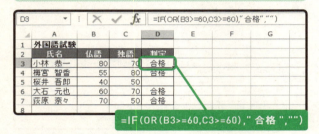

=IF(OR(B3>=60,C3>=60),"合格","")

=OR(論理式1 [, 論理式2] …)

指定した「論理式」のうち少なくとも1つが成立する場合に成立、それ以外は不成立とする。

COLUMN　OR関数

「OR(条件1, 条件2)」のように2つの条件を指定した場合の結果は右表のとおり。

条件1	条件2	結果
成立	成立	成立
成立	不成立	成立
不成立	成立	成立
不成立	不成立	不成立

122 シリアル値って何?

エクセルで日付や時刻の計算をするには、「シリアル値」の理解が重要だ。「シリアル値」とは、日付や時刻を表す数値のこと。日付は「1900年1月1日」を「1」として、1日に1ずつ加算される整数で表される。また、時刻は24時間を「1」とした小数で表される。

●日付のシリアル値

日付のシリアル値は、「1900年1月1日」から始まる整数の連番だ。例えば、「2016年1月1日」のシリアル値は「42370」になる。

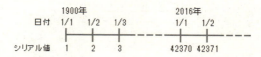

●時刻のシリアル値

時刻のシリアル値は、24時間を1とする小数だ。例えば、午前6時は1日の4分の1にあたるので、0.25で表される。

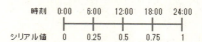

> **HINT**
>
> 日付と時刻を組み合わせたデータのシリアル値は、日付のシリアル値と時刻のシリアル値を加算したものになる。例えば、「2016年1月1日 6:00」のシリアル値は、「42370.25」になる。セルに「2016/1/1 6:00」(日付と時刻の間に半角スペースを入れる)と入力して、第1章**19**(P34)を参考に「標準」の表示形式を設定すると、セルに「42370.25」とシリアル値が表示される。

123 現在の日付と時刻を表示するには

現在の日付は、TODAY（トゥデイ）関数で求められる。また、現在の日付と時刻は、NOW（ナウ）関数で求められる。これらの関数は、ブックを開くたびに自動的に再計算が行われ、その時点での日付や時刻が表示される。

●現在の日付と時刻を表示する

TODAY関数で現在の日付、NOW関数で現在の日付と時刻を求める。

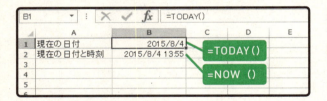

=TODAY()

コンピューターの内部時計をもとに、現在の日付を表示する。

=NOW()

コンピューターの内部時計をもとに、現在の日付と時刻を表示する。

COLUMN　TODAY関数とNOW関数の注意点

TODAY関数やNOW関数によって表示される日時は、ほかのセルで計算をしたり、ブックを開き直したりすると変化してしまう。表の作成日を記録しておきたいときなど、入力した日時を固定したい場合は、セルに直接日付データや時刻データを入力しよう。

124 日付を年月日に分解するには

日付を分解して、「年」「月」「日」の3つの数値に分けるには、YEAR（イヤー）関数、MONTH（マンス）関数、DAY（デイ）関数を使用する。

●日付から「年」「月」「日」を取り出す

「点検日」欄の日付から、YEAR関数で「年」、MONTH関数で「月」、NOW関数で「日」を取り出す。それぞれ引数に「点検日」のセルを指定すればよい。

=YEAR（日付）

「日付」から「年」の数値を取り出す。

=MONTH（日付）

「日付」から「月」の数値を取り出す。

=DAY（日付）

「日付」から「日」の数値を取り出す。

> **COLUMN** 時刻を「時」「分」「秒」に分解するには
>
> 「=HOUR（時刻）」で「時」、「=MINUTE（時刻）」で「分」、「=SECOND（時刻）」で「秒」を取り出せる。

125 年月日から日付データを作成するには

「年」「月」「日」の3つの数値から日付データを作成するにはDATE(デイト)関数を使う。「年」「月」「日」の数値がそのままでは存在する日付にならない場合は、下表のように自動調整機能が働くので便利だ。

●「年」「月」「日」から日付データを作成する

「年」「月」「日」欄の数値から、DATE関数を使用して日付データを作成する。

	A	B	C	D	E
1	2015年度点検日				
2	回数	年	月	日	点検日
3	第1回	2015	4	15	2015/4/15
4	第2回	2015	7	15	2015/7/15
5	第3回	2015	10	14	2015/10/14
6	第4回	2016	1	13	2016/1/13

E3 =DATE(B3,C3,D3)

=DATE(年, 月, 日)

引数に「年」「月」「日」の数値を指定して、日付データを作成する。

●DATE関数の自動調整機能

年	月	日	実行結果	説明
2015	13	5	2016/1/5	「13」月を翌年の1月と見なす
2016	0	5	2015/12/5	「0」月を前年の12月と見なす
2016	2	0	2016/1/31	「0」日を前月の末日と見なす
2016	2	-1	2016/1/30	「0」日を前月末日の1日前と見なす

126 生年月日から年齢を計算するには

DATEDIF（デイトディフ）関数を使うと、指定した2つの日付の間隔を「年単位」「月単位」などで計算できる。年齢を求めるには、引数として生年月日、本日の日付、年単位を表す「"Y"」の3つを指定する。

●生年月日から年齢を計算する

DATEDIF関数を使用して、「生年月日」欄の日付から年齢を計算する。引数「開始日」に「生年月日」、「終了日」にTODAY関数で求めた本日の日付、「単位」に「年」を意味する「"Y"」を指定すればよい。

	A	B	C
1	名簿		
2	氏名	生年月日	年齢
3	泉 浩之	1975/4/18	40
4	古宇田 健	1982/6/25	33
5	杉浦 秀樹	1988/11/7	26
6	河合 陽介	1984/9/26	30

C3: `=DATEDIF(B3,TODAY(),"Y")`

=DATEDIF(B3,TODAY(),"Y")

=DATEDIF(開始日, 終了日, 単位)

「開始日」から「終了日」までの間隔を、指定した「単位」で求める。この関数は、「数式」タブの「日付／時刻」ボタンの一覧にはないので、直接セルに入力する必要がある。

●引数「単位」の設定値

設定値	単位
"Y"	年単位
"M"	月単位
"D"	日単位

設定値	単位
"YM"	1年未満の月数
"YD"	1年未満の日数
"MD"	1カ月未満の日数

127 前月末、当月末、翌月末の日付を求めるには

締日などとして月末日を求めたいことがある。EOMONTH（エンドオブマンス）関数を使用すると、「○カ月前」や「○カ月後」などの月末日の日付を簡単に求められる。

●売上日から当月末日を計算する

EOMONTH関数を使用して、「売上日」の日付からその月の月末日を求める。引数「開始日」に「売上日」、「月」に「0」を指定すると、「売上日」の月の末日が求められる。「締日」欄には日付の表示形式を設定してある。

=EOMONTH(開始日,月)

「開始日」から「月」数前後の月末日を求める。EOMONTH関数の結果はシリアル値なので、日付として表示するには日付の表示形式を設定する必要がある。

●引数「月」の指定例

指定例	結果	説明
=EOMONTH("2015/11/6",-2)	2015/9/30	前々月の月末日
=EOMONTH("2015/11/6",-1)	2015/10/31	前月の月末日
=EOMONTH("2015/11/6",0)	2015/11/30	当月の月末日
=EOMONTH("2015/11/6",1)	2015/12/31	翌月の月末日
=EOMONTH("2015/11/6",2)	2016/1/31	翌々月の月末日

128 翌月10日を求めるには

「支払日は翌月○日」「締日は当月○日」など、基準日をもとに特定の日を求めたいことがある。基準日から「年」と「月」を取り出し、特定の「日」と組み合わせてDATE関数で日付データを求めよう。

●購入日を基準に「翌月10日」を計算する

「購入日」の翌月10日を求める。まず、「購入日」からYEAR関数で「年」、MONTH関数で「月」を取り出す。取り出した「年」「月+1」「10」を引数として、DATE関数で日付データを求める。「月」に加算する「1」や「日」に指定する「10」を変えれば、さまざまな日付を求めるのに応用できる。

	A	B	C
	購入履歴		
1			
2	購入日	購入金額	翌月10日
3	2015/11/6	¥2,352,000	2015/12/10
4	2015/12/8	¥1,824,000	2016/1/10
5	2016/1/24	¥3,125,000	2016/2/10
6	2016/2/17	¥1,268,000	2016/3/10

C3: =DATE(YEAR(A3),MONTH(A3)+1,10)

=DATE(YEAR(A3),MONTH(A3)+1,10)

第4章 数式と関数の利用

COLUMN | EOMONTH関数も使用できる

EOMONTH関数を使用して求める方法もある。

求める日にち	式	結果
前月10日	=EOMONTH("2015/11/6",-2)+10	2015/10/10
当月10日	=EOMONTH("2015/11/6",-1)+10	2015/11/10
翌月10日	=EOMONTH("2015/11/6",0)+10	2015/12/10

129 勤務時間を計算するには

勤務時間の合計や時給計算など、時間を使った計算は、数値計算と同様に行える。ただし、注意点が2つある。1つは時刻の表示形式「h:mm」ではなく、時間の表示形式「[h]:mm」を使うこと。もう1つは、シリアル値を「時間」の単位に換算すること。ここでは、具体的な操作方法を見ていこう。

●勤務時間を合計する

1「=SUM(B3:B6)」という数式で勤務時間を合計すると、**2**「6:00」と表示されてしまう。正しく「30:00」と表示するには、合計のセルを選択して**3**「Ctrl」+「1」キーを押すか、右クリックメニューから「セルの書式設定」画面を開く。

4「表示形式」タブで**5**「ユーザー定義」を選び、**6**「[h]:mm」と入力して、**7**「OK」をクリックする。

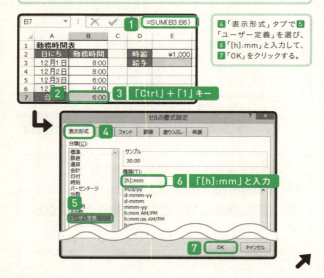

HINT

時刻の通常の表示形式「h:mm」は、24時間を超えると「0」に戻る仕組みになっている。そのため、「24:00」や「48:00」は「0:00」、「30:00」は「6:00」と表示される。24時間を超える時間を表示するには、「[h]:mm」というユーザー定義の表示形式を使用する。

正しく表示できた!

● 時給を掛けて給与を計算する

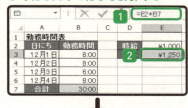

時給に勤務時間を掛けて給与を求めたい。■単純に「=E2*B7」とすると、■「30000」となるはずの結果が「1250」となってしまう。

正しく計算するには、勤務時間に24を掛けて「時間」単位に換算する必要がある。■「=E2*B7*24」とすると、正しい結果が表示される。

正しく計算できた!

HINT

時刻の正体は、24時間を「1」とする数値だ(122〈P147〉参照)。「30:00」のシリアル値は「1.25」なので、「¥1,000×30:00」の結果は「¥1,000×1.25＝¥1,250」となる。シリアル値の「1.25」を「時間」単位に換算するには、24を掛けて「1.25×24＝30」とすればよい。したがって、「¥1,000×30:00×24」とすれば、「¥1,000×30＝¥30,000」と計算できる。

130 日付の隣のセルに曜日を表示するには

TEXT関数を使用すると、日付や数値に表示形式を設定して表示できる。ここでは、日付に曜日の表示形式を設定して、日付を曜日として表示してみよう。

●「日付」の隣に曜日を表示する

TEXT関数を使用して「日付」の曜日を求めて表示する。

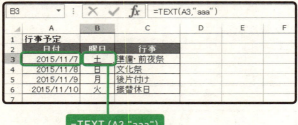

=TEXT(A3,"aaa")

=TEXT(値, 表示形式)

指定した「値」を指定した「表示形式」の文字列に変換する。引数「表示形式」は、書式記号を「"」で囲んで指定する。

●曜日の書式記号

書式記号	表示例
aaa	土
aaaa	土曜日
ddd	Sat
dddd	Saturday

131 全角と半角を統一するには

表内に全角文字のデータと半角文字のデータが混在していると、見栄えが悪い。JIS（ジス）関数やASC（アスキー）関数を使用して統一しよう。

●商品名を全角、または半角に統一する

「商品名」欄の文字列に全角と半角が混在している。JIS関数を使用して全角に統一し、ASC関数を使用して半角に統一する。

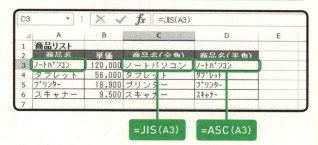

=JIS(A3)

=ASC(A3)

=JIS（文字列）

「文字列」中の半角文字を全角文字に変換する。

=ASC（文字列）

「文字列」中の全角文字を半角文字に変換する。漢字やひらがななど、半角に変換できない文字は全角のまま残る。

COLUMN　元のセルで統一するには

セルC3〜C6をコピーし、第2章43（P63）を参考にセルA3〜A6に「値」を貼り付けると、元の商品名を全角に統一できる。

132 大文字と小文字を統一するには

文字列中の英字の大文字と小文字を統一するには、UPPER（アッパー）関数、LOWER（ロウアー）関数、PROPER（プロパー）関数を使用する。いずれの関数も、文字列中の英字以外の文字はそのまま残る。

● 英字の大文字と小文字を統一する

「品番」欄の文字列に大文字と小文字が混在している。UPPER関数で大文字に、LOWER関数で小文字に変換する。また、PROPER関数で頭文字を大文字、2文字目以降を小文字に変換する。

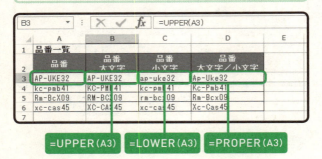

=UPPER（文字列）

「文字列」中の英字を大文字に変換する。

=LOWER（文字列）

「文字列」中の英字を小文字に変換する。

=PROPER（文字列）

「文字列」中の英字の単語ごとに先頭文字を大文字、2文字目以降を小文字に変換する。

133 セルに入力した氏名からふりがなを取り出したい

セルに漢字を入力すると、変換時の読みの情報も一緒に記憶される。PHONETIC（フォネティック）関数を使用すると、セルに記憶されているふりがなを取り出せる。

●「氏名」のふりがなを取り出す

「氏名」欄のデータのふりがなをPHONETIC関数で取り出して表示する。

=PHONETIC（参照）

引数「参照」で指定したセルに記憶されているふりがなを取り出す。

COLUMN　ふりがなの修正と文字種の変更

漢字を入力するときに本来とは異なる読みで変換した場合、PHONETIC関数で取り出されるのは間違ったふりがなになる。その場合、「氏名」欄のセルを選択して、第3章59（P79）を参考にふりがなを修正しよう。また、PHONETIC関数の結果をひらがなや半角カタカナで表示したい場合は、第3章58（P78）を参考に「氏名」欄のセルのふりがなの設定を変更しよう。いずれの場合も、「シメイ」欄ではなく「氏名」欄で操作することがポイントだ。

134 文字列から一部分を取り出すには

文字列から一部の文字を取り出したいことがある。左側から取り出すにはLEFT（レフト）関数、指定した位置から取り出すにはMID（ミッド）関数、右側から取り出すにはRIGHT（ライト）関数を使用する。

● 商品コードを品番、色番、サイズに分解する

LEFT関数を使用して「商品コード」の先頭から5文字を「品番」として取り出す。また、MID関数を使用して6文字目から3文字の「色番」、RIGHT関数を使用して末尾1文字の「サイズ」を取り出す。

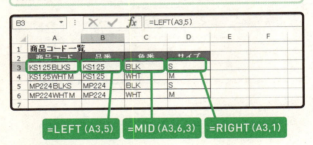

=LEFT（文字列[, 文字数]）

「文字列」の先頭から「文字数」分の文字列を取り出す。「文字数」を省略した場合は1文字取り出す。

=MID（文字列, 開始位置, 文字数）

「文字列」の「開始位置」から「文字数」分の文字列を取り出す。

=RIGHT（文字列[, 文字数]）

「文字列」の末尾から「文字数」分の文字列を取り出す。「文字数」を省略した場合は1文字取り出す。

135 文字列を別の文字列で置き換えるには

SUBSTITUTE関数を使用すると、文字列中の特定の文字列を別の文字列で置換できる。

●「株式会社」を「(株)」に置き換える

「取引先名」の中の「株式会社」を「(株)」に置き換える。正式名称を残したまま、ほかのセルに省略形を取り出してコンパクトに印刷したい場合などに便利だ。

| B3 | | ▼ | : | × | ✓ | fx | =SUBSTITUTE(A3,"株式会社","(株)") |

	A	B	C	D	E
1	取引先名簿				
2	取引先名	省略形			
3	(株)式会社エクセル	(株)エクセル			
4	ワード株式会社	ワード(株)			
5	パワポ株式会社	パワポ(株)			
6	株式会社アクセス	(株)アクセス			
7					

=SUBSTITUTE(A3,"株式会社","(株)")

=SUBSTITUTE(文字列, 検索文字列, 置換文字列 [, 置換対象])

「文字列」中の「検索文字列」を「置換文字列」で置換する。「置換対象」には、何番目の「検索文字列」を置換するかを数値で指定。「置換対象」を省略した場合はすべての「検索文字列」が置換される。「文字列」中に「検索文字列」が見つからない場合は、「文字列」がそのまま返される。

> **COLUMN** 「有限会社」も「(有)」に変更する
>
> SUBSTITUTE関数を入れ子にして使うと、「株式会社」を「(株)」、「有限会社」を「(有)」に変換できる。
>
> =SUBSTITUTE(SUBSTITUTE(A3,"有限会社","(有)"),"株式会社","(株)")

136 氏名を「氏」と「名」に分解するには

全角スペースで区切られた氏名から「氏」と「名」を取り出そう。こうした複雑な処理も、複数の関数を組み合わせれば難なくこなせる。ポイントは、FIND関数を使用して全角スペースの位置を求めること。求めた位置を手掛かりに、LEFT関数（136〈P160〉参照）で「氏」、MID関数（134参照）で「名」を取り出せる。

●「氏名」の空白位置を調べる

氏名から「氏」と「名」を取り出すには、全角スペースが何文字目にあるかを調べる必要がある。FIND関数の引数「検索文字列」に全角スペース「　」、引数「対象」にセルB3の「前川　義則」を指定すると調べられる。1件目の「前川　義則」の全角スペースは「3」文字目にあるので、結果は「3」となる。

	A	B	C	D	E
1	名簿				
2	No	氏名	空白位置	氏	名
3	1	前川　義則	3		
4	2	五十嵐　瞳	4		
5	3	渡　総一郎	2		
6	4	山本　美紀	3		

C3: `=FIND("　",B3)`

=FIND（"　",B3）

=FIND(検索文字列, 対象 [, 開始位置])

「対象」の中に「検索文字列」が「開始位置」から数えて何文字目にあるかを求める。見つからなかった場合は「#VALUE!」が表示される。「開始位置」を省略した場合は「対象」の1文字目から検索が開始される。

●「氏名」から「氏」を取り出す

「氏名」の中で、全角スペースの前までの文字列が「氏」の文字数と考えられる。1件目のデータの場合、セルC3の「空白位置」から1を引いた「C3-1」が「氏」の文字数だ。LEFT関数の引数「文字列」にセルB3の「氏名」、引数「文字数」に「C3-1」を指定すれば、「前川　義則」の先頭から2文字分の「前川」が取り出される。

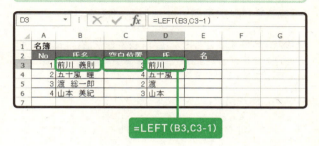

=LEFT(B3,C3-1)

●「氏名」から「名」を取り出す

「氏名」の中で、全角スペースの次の文字が「名」の開始位置と考えられる。1件目のデータの場合、セルC3の「空白位置」に1を加えた「C3+1」が「名」の開始位置だ。MID関数の引数「文字列」にセルB3の「氏名」、引数「開始位置」に「C3+1」、引数「文字数」に「100」と多めに指定すると、「前川　義則」の4文字目から末尾までの「義則」が取り出される。

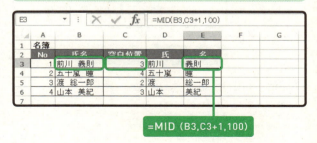

=MID(B3,C3+1,100)

137 指定した商品番号の商品名を表から転記するには

「品番を手掛かりに商品リストから商品名を引き出したい」「顧客番号をもとに顧客リストから顧客名を調べたい」。そんなときに活躍するのが、VLOOKUP（ブイルックアップ）関数だ。品番や顧客番号などの「検索値」、表のセル範囲、何列目のデータを引き出したいか、を引数で指定して、データを転記することができる。

●VLOOKUP関数はこんなときに使う

セルB2に入力された品番を商品リストから探し、対応する商品名を調べたい。VLOOKUP関数を使えば簡単に調べられる。VLOOKUP関数は表の1列目を検索する関数なので、下図のように「品番」欄が先頭列にある表なら最適だ。

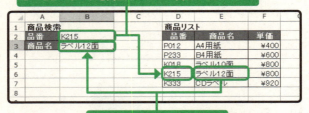

セル B2 のデータを商品リストの1列目から探して…

対応する商品名を転記したい

=VLOOKUP(検索値, 範囲, 列番号[, 検索の型])

「範囲」の1列目から「検索値」を探し、見つかった行の「列番号」列目にあるデータを引き出す。引数「検索の型」に「FALSE」を指定すると完全一致検索、「TRUE」を指定するか指定を省略すると近似検索が行われる。「検索値」が見つからなかった場合、完全一致検索では「#N/A」と表示される。近似検索では「検索値」未満のもっとも近いデータが検索される。

●指定した品番の商品名を調べる

VLOOKUP関数の引数「検索値」にセルB2（「K215」が入力されている）、「範囲」にセルD3〜F7、「列番号」に「2」、「検索の型」に「FALSE」を指定する。すると、指定した「範囲」の1列目から「K215」が検索され、見つかった行の2列目にある「ラベル12面」が転記される。

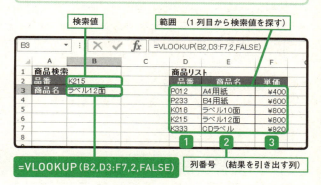

> COLUMN　別シートにある表を検索するには
>
> 検索する表が別シートにある場合、VLOOKUP関数の引数「範囲」はシート名を付けて「シート名!セル」のように指定する。

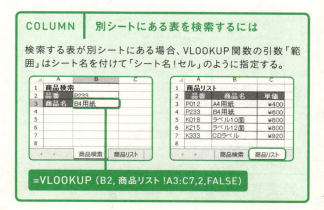

第4章　数式と関数の利用

138 コピーしたときにエラーが表示されない見積書を作る!

137(P164)で紹介したVLOOKUP関数を使用して、品番を入れると商品名と単価が自動で表示される見積書をつくろう。VLOOKUP関数単独だとエラーが出ることがあるので、IFERROR関数と組み合わせて式を立てることがポイントだ。

●引数「範囲」は絶対参照が鉄則

ここでは、3行の明細欄がある見積書をつくる。「商品名」の先頭のセルB4に入れるVLOOKUP関数は、下の行にコピーしたいので、引数「範囲」が固定されるように絶対参照で指定する。

`=VLOOKUP(A4,$G$3:$I$7,2,FALSE)`

	A	B	C	D	E	F	G	H	I	J
1		御見積明細書					商品リスト			
2							品番	商品名	単価	
3	品番	商品名	単価	数量	金額		P012	A4用紙	¥400	
4	P012	A4用紙		5			P233	B4用紙	¥600	
5	K215	ラベル12面	コピー	3			K018	ラベル10面	¥800	
6	K333	CDラベル		1			K215	ラベル12面	¥800	
7				合計			K333	CDラベル	¥920	

●「品番」が未入力だと「#N/A」エラーが出る

「品番」を未入力にすると…

	A	B	C	D	E
1		御見積明細書			
2					
3	品番	商品名	単価	数量	金額
4	P012	A4用紙		5	
5		#N/A		3	
6		#N/A		1	
7				合計	

見積明細書の「品番」欄を未入力にすると、VLOOKUP関数にエラーが出てしまう。

! VLOOKUP関数の結果がエラーになる

●エラーが出ないように改良する

「品番」が未入力でもエラーが表示されないように数式を改良しよう。ここでは、IFERROR(イフエラー)関数を使ってエラー対策をする。引数「値」にVLOOKUP関数を指定し、引数「エラーの場合の値」に空の文字列「""」を指定すると、VLOOKUP関数の結果がエラーになる場合に何も表示されなくなる。

=IFERROR(VLOOKUP(A4,$G$3:$I$7,2,FALSE),"")

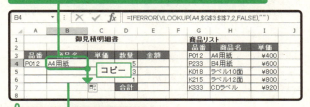

エラーが表示されなくなる

=IFERROR(値, エラーの場合の値)

引数「値」に指定した式がエラーになる場合は、「エラーの場合の値」を表示する。エラーにならない場合は、式の結果を表示する。

●単価の表引きと金額計算をして完成させる

「品番」を元に「単価」も自動表示されるように、VLOOKUP関数を入れる。また、「金額」欄で「単価×数量」を計算する。

=IFERROR(VLOOKUP(A4,$G$3:$I$7,3,FALSE),"")

=IFERROR(C4*D4,"")

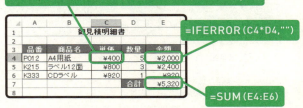

=SUM(E4:E6)

第4章 数式と関数の利用

139 「○以上△未満」の条件で表を検索するには

VLOOKUP関数の引数「検索の型」に「TRUE」を指定すると近似検索が行われ、「検索値」未満のもっとも近いデータが検索される。これを利用すると、「○以上△未満」といった検索が行える。ここでは、配送料金表から購入額に応じた配送料金を調べてみよう。

●購入額に応じた配送料金を求める

購入額が0円以上3000円未満なら配送料金は800円、3000円以上6000円未満なら600円……、というように、購入額に応じた配送料金表がある。セルB2に入力した購入額を配送料金表で検索し、対応する配送料金をセルB3に転記したい。例えば、購入額が6500円の場合、配送料金は「6000円以上10000円未満」に対応する400円となる。

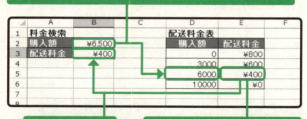

セルB2のデータを配送料金表の「購入額」欄から探して…

対応する配送料金を転記したい

「購入額が6000円以上の場合、配送料金は400円」という意味

COLUMN　表作成のポイント

VLOOKUP関数で近似検索を行う場合、表には「○以上」に当たる数値を小さい順に入力しておく必要がある。

●VLOOKUP関数で配送料金を転記する

VLOOKUP関数の引数「検索値」にセルB2、「範囲」にセルD3〜E6、「列番号」に「2」を指定する。引数「検索の型」には、近似検索を行うための「TRUE」を指定する。

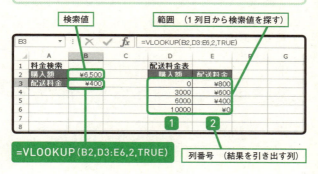

`=VLOOKUP(B2,D3:E6,2,TRUE)`

●配送料金表を見やすくする

配送料金表の「購入額」が「○以上」を表してることをわかりやすく示そう。それには、「購入額」欄のセルD3〜D6を選択して、「Ctrl」+「1」キーを押す。もしくは右クリックメニューから「セルの書式設定」を選ぶ。

設定画面の 1「表示形式」タブで 2「ユーザー定義」を選び、3「¥#,##0"〜"」と設定すると、4「¥3,000〜」のように表示できる。

140 エラー記号の意味を教えて!

数式の結果がエラーになる場合、セルには「#」で始まるエラー記号が表示される。エラー記号の意味を知っておけば、エラーの原因を探る手掛かりになる。

●エラー記号とエラーの原因

エラー記号	エラーの原因
#VALUE!	数値を指定すべきところに文字列を指定した場合や、単一のセルを指定すべきところにセル範囲を指定した場合など、データの種類が間違っていると表示される。
#DIV/0!	0や空白のセルによる除算が行われると表示される。
#REF!	数式中のセル番号のセルが削除されると表示される。数式を確認すると、削除されたセルの部分にも「#REF!」と表示される。
#NAME?	存在しない関数名や名前を使用したときに表示される。また、文字列を「"」で囲み忘れたときも、存在しない名前を使用したと見なされて表示される。
#NUM!	計算結果の数値や日付がエクセルで扱える範囲を超えているなど、数値や日付に問題があると表示される。
#N/A	値が未定であることを意味する。VLOOKUP関数などの検索関数で値が見つからなかったときに表示される。
#NULL!	参照するセル範囲が間違っていることを意味する。セル範囲を指定するときに「A1:B3」と「:」を入れるべきところを「A1 B3」のように半角スペースを入れてしまったときなどに表示される。
######	セル幅が狭すぎて数値や日付を正しく表示できないときに表示される。また、日付や時刻の計算結果が負(マイナス)になるときにも表示される。

141 緑のエラーマークが目障り!非表示にするには?

数式を入れたセルの左上に、「エラーインジケーター」と呼ばれる緑色の小さい三角形のマークが表示されることがある。「#VALUE!」や「#DIV/0!」などの明らかなエラーだけでなく、間違いの可能性がある場合にも表示される。数式をチェックし、間違っている場合は修正しよう。間違っていない場合はそのままにしていても差し支えないが、気になるようなら「エラーを無視する」を設定すると消せる。

❶「教養」「英語」「論文」を合計した「合計」のセルにエラー記号が表示されている。「年齢」欄を足し忘れている可能性を指摘するものだ。

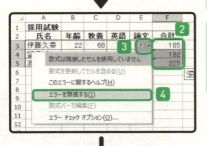

エラーインジケーターを消すには、❷セルを選択して、❸「!」ボタンをクリックし、❹「エラーを無視する」をクリックする。

エラーインジケーターが消えた!

| 第 5 章 |

見やすさが飛躍的に向上する
グラフと図形の作成

社内や客先で企画を提案する際、プレゼン資料の「訴求力」が成功のカギを握ります。数値を羅列しただけの資料では相手の気を引くことはできません。数値をわかりやすくグラフ化したり、図形で重要ポイントをアピールしたりして、自分の主張を相手に伝える努力をしましょう。この章では、資料の見栄えがよくなるグラフと図形の技を紹介します。

142 グラフを作成するには

数値を分析したり、プレゼンで提示したりするには、グラフ化が一番だ。表に並んだ数値から傾向や特徴をつかむのは至難の業だが、グラフにすれば視覚に訴求する。ここでは、縦棒グラフを例にグラフの作成方法を紹介しよう。

● グラフを作成する

1 グラフにする範囲を選択し、2 「挿入」タブをクリックする。3 「縦棒」「折れ線」「円」「横棒」など、グラフ作成用のボタンが並んでいる。

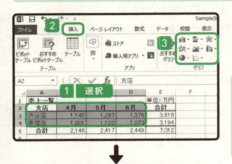

4 「縦棒」をクリックすると、縦棒グラフの種類が表示される。5 ここでは、「集合縦棒」をクリックする。

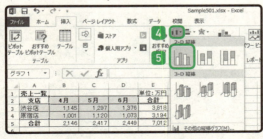

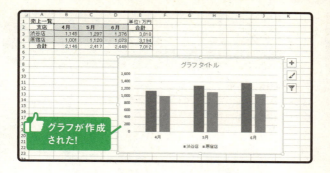

●グラフタイトルを入力する

グラフを作成すると上部に「グラフタイトル」と表示されるので、適切なグラフ名を入力しておこう。まず、❶グラフタイトルをクリックして選択。❷選択したグラフタイトルにポインターを合わせ、Iの形になったらクリック。すると、グラフタイトル内にカーソルが現れるので、❸文字を編集しよう。❹「グラフエリア」をクリックすると、グラフタイトルの編集が確定する。

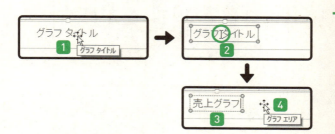

MEMO｜エクセル2010の場合

エクセル2010では、グラフの作成直後にグラフタイトルが表示されない場合がある。その場合、グラフを選択して、「レイアウト」タブの「グラフタイトル」→「グラフの上」をクリックして追加しよう。

143 グラフの構成要素を知りたい!

グラフの編集を行うには、グラフを構成する「グラフ要素」の理解が欠かせない。ここでは縦棒グラフを例にグラフ要素の種類を紹介する。

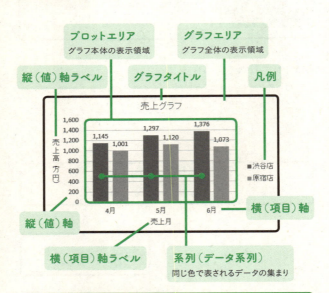

プロットエリア グラフ本体の表示領域

グラフエリア グラフ全体の表示領域

縦(値)軸ラベル

グラフタイトル

凡例

縦(値)軸

横(項目)軸ラベル

横(項目)軸

系列(データ系列) 同じ色で表されるデータの集まり

COLUMN | グラフ要素名を確認するには

グラフ要素にポインターを合わせると、ポップヒントに名前が表示される。また、グラフ要素をクリックして選択すると、「書式」タブの左端にある「グラフ要素」欄に名前が表示される。

144 グラフの凡例項目と横軸の項目を入れ替えるには

グラフを作成すると、元の表の縦の項目と横の項目のうち、数が多いほうが横軸に並び、少ないほうが凡例に並ぶ。「デザイン」タブの「行／列の切り替え」を使えば、凡例項目と横軸の項目を一発で逆にできる。

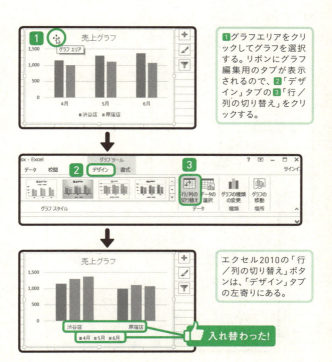

1 グラフエリアをクリックしてグラフを選択する。リボンにグラフ編集用のタブが表示されるので、2「デザイン」タブの 3「行／列の切り替え」をクリックする。

エクセル2010の「行／列の切り替え」ボタンは、「デザイン」タブの左寄りにある。

入れ替わった！

第5章 グラフと図形の作成

145 グラフ全体のデザインを一発変換

グラフを選択したときにリボンに表示される「デザイン」タブには、グラフ全体の見た目を変更する機能が揃っている。「グラフスタイル」と「色の変更」を使うと、グラフ全体のデザインを一気に変えられる。

● エクセル2013以降の場合

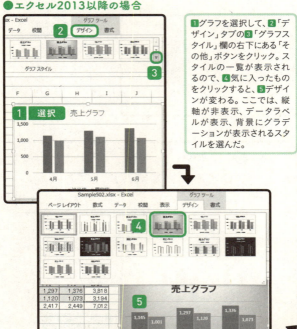

1 グラフを選択して、2 「デザイン」タブの 3 「グラフスタイル」欄の右下にある「その他」ボタンをクリック。スタイルの一覧が表示されるので、4 気に入ったものをクリックすると、5 デザインが変わる。ここでは、縦軸が非表示、データラベルが表示、背景にグラデーションが表示されるスタイルを選んだ。

続いて、データ系列の色(棒の色のこと)を変更しよう。 6「色の変更」をクリックして、7一覧から気に入った配色を選ぶと、8棒の色が変わる。

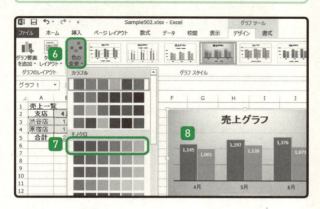

●エクセル2010の場合

「エクセル2013以降の場合」の手順❸までを実行しておく。さまざまな色とデザインを組み合わせた選択肢が表示されるので、気に入ったものをクリックする。エクセル2013以降と異なり、「グラフスタイル」に色の設定機能も含まれる。

146 グラフ要素の表示／非表示をまとめて設定するには

「デザイン」タブの「クイックレイアウト」には、グラフ要素の組み合わせ方が登録されている。その中から選ぶだけで、グラフ要素の表示／非表示をまとめて設定できる。棒グラフ、円グラフなど、グラフの種類によって選択肢の種類も変わる。

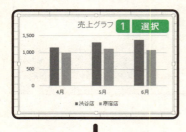

1 グラフを選択して、2「デザイン」タブの 3「クイックレイアウト」(「グラフのレイアウト」の「その他」ボタン)をクリック。4 気に入ったものを選ぶと、5 グラフ要素が変わる。ここでは、右側の棒にデータラベルが表示され、凡例が右に移動し、棒が太くなった。

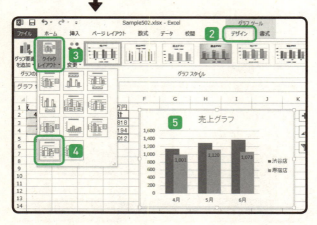

147 グラフ要素を移動するには

グラフ要素の移動には、ドラッグして移動する方法と、メニューから表示位置を選ぶ方法がある。後者はグラフタイトル、凡例、データラベルに使える方法で、グラフ要素の移動に合わせてほかの要素の配置が自動調整されるので便利だ。

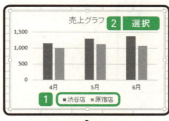

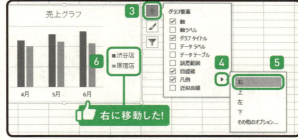

1 ここでは、凡例を移動する。2 まずは、グラフを選択。3 「グラフ要素」ボタン→ 4 「凡例」→ 5 「右」をクリックする。すると、6 棒グラフの位置とサイズが自動調整され、凡例がグラフの右に移動する。

| MEMO | エクセル2010の場合 |

グラフを選択して、「レイアウト」タブ→「凡例」→「凡例を右に配置」をクリックする。

148 グラフ要素を個別に追加するには

「グラフスタイル」(145〈P178〉参照)や「クイックレイアウト」(146〈P180〉参照)を使用してグラフ全体の設定を行ったら、次に足りないグラフ要素を個別に追加していこう。

● 縦軸に軸ラベルを追加する

[1] グラフを選択して、[2]「グラフ要素」ボタンをクリックすると、[3] グラフ要素の一覧が表示される。チェックが付いているのは配置済みのグラフ要素だ。

[4]「軸ラベル」→[5]「第1縦軸」にチェックを付けると、[6] 軸ラベルが追加されるので、142〈P180〉を参考に文字を入力しておこう。なお、文字は横向きになるが、軸ラベルを選択して、「ホーム」タブの「方向」→「縦書き」をクリックすれば縦書きになる。

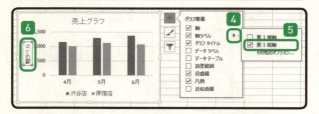

MEMO　エクセル2010の場合

グラフを選択して、「レイアウト」タブ→「軸ラベル」→「主縦軸ラベル」→「軸ラベルを垂直に配置」をクリックすると、縦軸に縦書きの軸ラベルを追加できる。

● データラベルを追加する

グラフを選択して、■1「グラフ要素」→■2「データラベル」→■3「外側」をクリックすると、■4データラベルを棒の外側に配置できる。

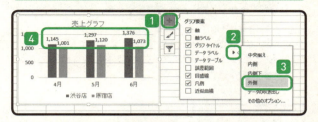

> MEMO　エクセル2010の場合
>
> グラフを選択して、「レイアウト」タブ→「データラベル」→「外側」をクリックする。

149 グラフ要素を削除するには

グラフ要素をクリックすると選択できる。ほとんどのグラフ要素は、選択した状態で「Delete」キーを押すと削除できる。

150 グラフタイトルにセルの内容を表示したい

グラフタイトルや軸ラベルには、セルの内容を表示することができる。セルのデータを修正すると、グラフにも即座に反映されるので便利だ。ここではグラフタイトルを例に説明するが、軸ラベルも操作は同様だ。

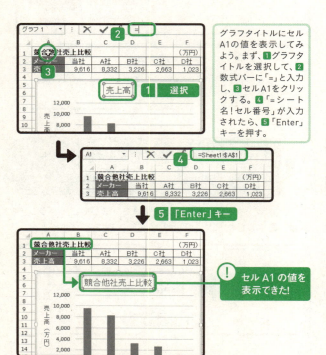

グラフタイトルにセルA1の値を表示してみよう。まず、■グラフタイトルを選択して、■数式バーに「=」と入力し、■セルA1をクリックする。■「=シート名!セル番号」が入力されたら、■「Enter」キーを押す。

! セルA1の値を表示できた!

151 数値軸の最大値や最小値を設定するには

数値軸の目盛りの最小値、最大値、目盛の間隔は、「軸の書式設定」画面で変更できる。ここでは、折れ線グラフが見やすくなるように、目盛りの「最小値」を変えてみよう。

> 1 折れ線の変化がわかりづらいので目盛の範囲を調整したい。2 縦軸の数値を右クリックして、3「軸の書式設定」を選ぶ。設定画面の 4「軸のオプション」で、5「最小値」「最大値」「目盛（目盛間隔）」を設定できる。6 ここでは最小値を「0」から「6,000」に変更して目盛の範囲を狭くしたので、その分、折れ線の変化が大きく見やすくなった。

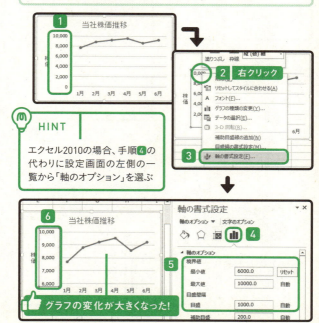

HINT
エクセル2010の場合、手順4の代わりに設定画面の左側の一覧から「軸のオプション」を選ぶ

152 棒を1本だけ違う色にして目立たせたい

競合他社の中の自社や、商品ラインナップの中の注力商品など、特に目立たせたい棒は色を変えると効果的。設定の決め手は、棒を1本だけ選択して色を設定することだ。

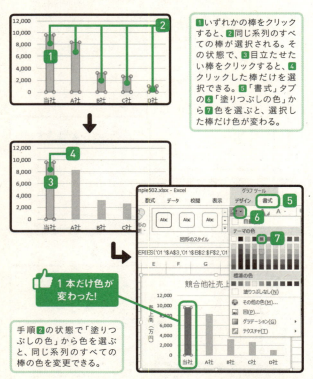

1 いずれかの棒をクリックすると、2 同じ系列のすべての棒が選択される。その状態で、3 目立たせたい棒をクリックすると、4 クリックした棒だけを選択できる。5「書式」タブの6「塗りつぶしの色」から7 色を選ぶと、選択した棒だけ色が変わる。

1本だけ色が変わった!

手順2の状態で「塗りつぶしの色」から色を選ぶと、同じ系列のすべての棒の色を変更できる。

153 棒グラフの棒を太くしたい

棒グラフの初期設定の棒は、細くて弱々しい。グラフをプレゼンの資料などで使う場合は、棒を太くしてインパクトを強めよう。棒を太くするには、棒の間隔を狭くする。

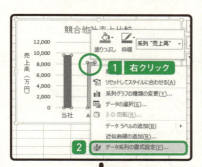

1 いずれかの棒を右クリックし、2「データ系列の書式設定」を選ぶと、設定画面が開く。3「系列のオプション」の 4「要素の間隔」の数値を小さくすると、棒の間隔が狭くなり、その分だけ棒が太くなる。例えば、「80％」と設定すると、「棒の太さ：間隔」が「100：80」になる。

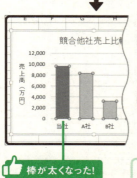

棒が太くなった！

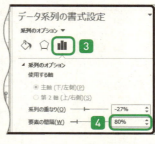

エクセル2010の場合、設定画面の左側の一覧から「系列のオプション」を選び、その右側の設定欄で「要素の間隔」を指定する。

154 横棒グラフの並び順が表とは真逆になってしまう!

下図のような表から横棒グラフを作成すると、表の項目名とグラフの項目名の並び順が逆になり混乱の元だ。グラフの項目名を表の並びに揃えよう。

> ❶表とグラフで項目名が逆に並んでいる。並びを揃えるには、❷グラフの項目名の上で右クリックして、「軸の書式設定」を選択。❸「軸のオプション」の❹「最大項目」を選び、❺「軸を反転する」にチェックを付ける。

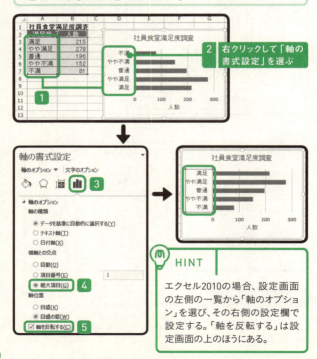

HINT

エクセル2010の場合、設定画面の左側の一覧から「軸のオプション」を選び、その右側の設定欄で設定する。「軸を反転する」は設定画面の上のほうにある。

155 折れ線が途切れた！どうすればいい？

折れ線グラフの元になる表に入力漏れがあると、折れ線が途切れてしまう。そんなときは、「データ要素を結ぶ」設定を行おう。

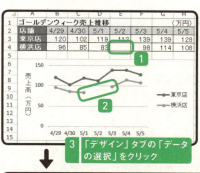

❶空欄の日に❷折れ線が途切れる。これを結ぶには、❸「デザイン」タブの「データの選択」を選ぶ。❹設定画面で「非表示および空白のセル」をクリックし、❺「データ要素を線で結ぶ」を選択。❻あとは「OK」を2回クリックして各設定画面を閉じる。

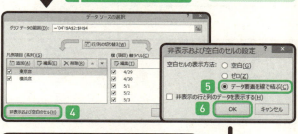

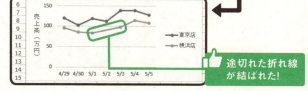

途切れた折れ線が結ばれた！

156 円グラフにパーセンテージを表示するには

円グラフは、各データの割合を視覚化するグラフだ。データラベルにはデータそのものではなくパーセンテージを表示したい。「クイックレイアウト」を使えば一発だ。

> 1. グラフを選択して、2.「デザイン」タブの3.「クイックレイアウト」(エクセル2010では「グラフのレイアウト」)から4.「レイアウト1」を選択する。すると、データラベルが追加され、項目名とパーセンテージが表示される。

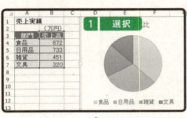

HINT

エクセル2013以降では、「グラフスタイル」の選択肢の中にパーセンテージを表示するデザインがいくつかあるので、それを利用してもよい。

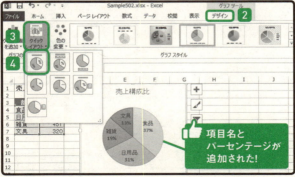

項目名とパーセンテージが追加された!

157 円グラフの扇形を切り離して目立たせたい

円グラフの中で特に目立たせたいデータは、扇形を円から切り離すと効果的だ。切り離す扇形を1つだけ選択して操作することがポイントだ。

> **1** いずれかの扇形をクリックすると、すべての扇形が選択され、各扇形に丸いハンドルが表示される。その状態で、**2** 切り離したい扇形をクリックすると、クリックした扇形だけを選択できる。**3** 選択した扇形をドラッグすると、円グラフから切り離せる。

切り離せた!

> **HINT**
>
> クリック／ドラッグするのは、扇形の無地の部分だ。データラベルをクリック／ドラッグしてもうまくいかないので注意しよう。

158 絵グラフを作成するには

棒グラフの棒の代わりにイラストを表示する「絵グラフ」を作ってみよう。ここでは、住宅販売数が5件ごとに1つのイラストを表示する。

❶縦棒グラフを作成して棒を太くし(153〈P187〉参照)、目盛りの間隔を「5」にしておく(151〈P185〉参照)。

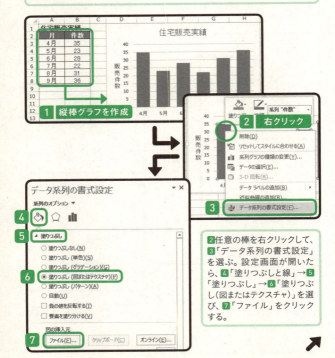

❷任意の棒を右クリックして、❸「データ系列の書式設定」を選ぶ。設定画面が開いたら、❹「塗りつぶしと線」→❺「塗りつぶし」→❻「塗りつぶし(図またはテクスチャ)」を選び、❼「ファイル」をクリックする。

8画像ファイルを指定し、9「挿入」をクリックする。設定画面に戻り、10「拡大縮小と積み重ね」を選び、11 1つの絵が表す数量として目盛りの間隔と同じ「5」と入力する。

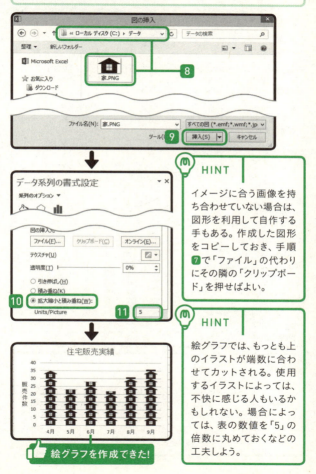

HINT

イメージに合う画像を持ち合わせていない場合は、図形を利用して自作する手もある。作成した図形をコピーしておき、手順7で「ファイル」の代わりにその隣の「クリップボード」を押せばよい。

HINT

絵グラフでは、もっとも上のイラストが端数に合わせてカットされる。使用するイラストによっては、不快に感じる人もいるかもしれない。場合によっては、表の数値を「5」の倍数に丸めておくなどの工夫をしよう。

第5章 グラフと図形の作成

159 2軸の複合グラフを作成するには

「気温と降水量」のように、2種類のデータを1つにまとめたグラフを「複合グラフ」と呼ぶ。ここでは左の縦軸に売上高、右の縦軸に来客数の目盛りを表示する複合グラフをつくろう。

● エクセル2013以降の場合

> 1. グラフにするセル範囲を選び、2.「挿入」タブ→3.「複合グラフの挿入」→4.「集合縦棒 - 第2軸の折れ線」をクリックする。2軸の複合グラフが作成されるので、グラフタイトルを入力しておく。

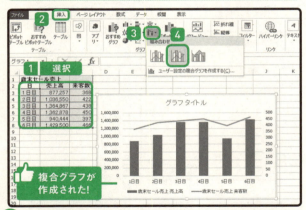

複合グラフが作成された!

HINT

上記の方法で作成される複合グラフの折れ線は、線だけからなり、山や谷にマーカー（丸印）は付かない。マーカー付きにしたい場合は、手順4で「ユーザー設定の複合グラフを作成する」をクリックする。複合グラフの作成画面が現れるので、「来客数」のグラフとして「マーカー付き折れ線」を選び、「第2軸」にチェックを付ける。

●エクセル2010の場合

エクセル2010では、いったん縦棒グラフを作成してから、「来客数」だけを折れ線に変える。まずは、1 表を元に縦棒グラフを作成しておく。

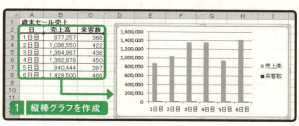

「来客数」の棒をクリックして選択する。棒が小さくてクリックしづらい場合は、「レイアウト」タブの左端にある「グラフの要素」から「系列"来客数"」を選ぶと選択できる。

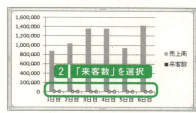

「デザイン」タブの「グラフの種類の変更」をクリック。4「折れ線」→ 5「マーカー付き折れ線」を選び、6「OK」をクリックする。

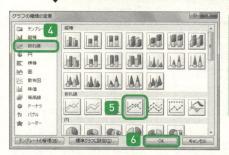

第5章 グラフと図形の作成

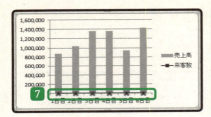

7 「来客数」が折れ線に変わる。次に、「来客数」用の軸を用意しよう。それには、8 「来客数」の折れ線を右クリックして、9 「データ系列の書式設定」を選ぶ。設定画面が開いたら、10 左から「系列のオプション」を選択し、11 「第2軸」を選択して、12 「閉じる」をクリック。すると、13 グラフの右側に「来客数」用の第2軸が現れ、14 折れ線が見やすくなる。

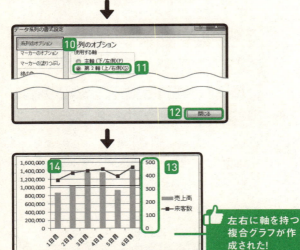

👍 左右に軸を持つ複合グラフが作成された!

160 図形を作成するには

エクセルの図形の種類は豊富だ。図形の種類を選んで、シート上をドラッグすれば、簡単に図形を描画できる。

> 1「挿入」タブの2「図」→3「図形」から4図形の種類を選ぶ。5シート上をドラッグすると、図形が作成される。ドラッグ中に図形が薄く表示されるのでそれを目安に描くとよい。

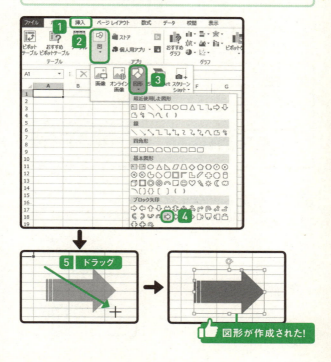

第5章 グラフと図形の作成

161 正円や正方形、垂直線、水平線を描くには

きっちりした作図をするには、キー操作がものを言う。正円や正方形、垂直線、水平線を描くには「Shift」キーを使うと上手くいく。また、セルに合わせて図形を描くには「Alt」キーを使う。

●正円や正方形、垂直線、水平線を描く

1 「Shift」キー+ドラッグで図形を描くと、正円や正方形、垂直線、水平線が描ける。2 また、「Ctrl」キーも一緒に押すと、始点を中心とする正円や正方形が描ける。

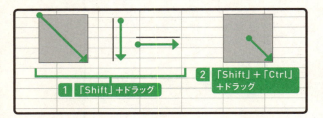

●セルにピッタリの図形を描く

図形を描くときに、「Alt」キーを押しながらドラッグすると、セルの枠線にピッタリ揃う図形を作成できる。あらかじめセルを方眼紙状にしておくと、縦横同じセル数分だけ「Alt」+ドラッグすることで、正方形などを簡単に作成できる。

162 図形を回転するには

選択したときに回転ハンドルが表示される図形は、回転ハンドルをドラッグして回転できる。

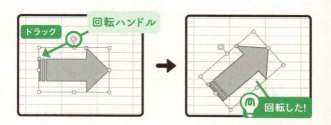

163 図形に文字を入力するには

図形を選択してキーボードから文字を打ち込めば、文字が図形に入る。文字のサイズや配置は、セルの場合と同様に「ホーム」タブの各種ボタンで設定できる。

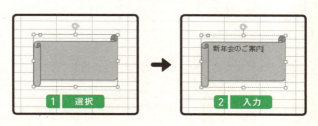

164 シートの自由な場所に文字を表示するには

セルにとらわれず自由に文字を表示するには、テキストボックスを使う。ポイントは、シートをクリックしてテキストボックスを配置すること。ドラッグして配置するとテキストボックスに枠線が付いてしまうが、クリックして配置すれば透明になる。

> 1「挿入」タブの 2「テキスト」→ 3「テキストボックス」→ 4「横書きテキストボックス」をクリックする。5 シート上をクリックし、6 文字を入力して、任意のセルをクリックすると、7 透明なテキストボックスに文字が表示される。

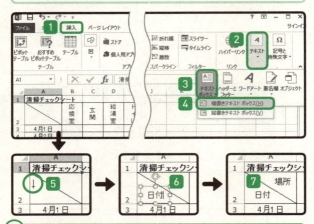

HINT

クリックして配置したテキストボックスは、入力した文字の長さに合わせて自動で幅が広がる。文字の入力後、テキストボックスの幅を手動で縮小すると、以降は幅が固定され、入力した文字の長さに合わせてテキストボックスの高さが自動調整されるようになる。

165 列幅を変更すると図形も サイズ変更されて困る!

列幅や行高を変更すると、そこに配置されている図形もサイズが変わる。その結果、中の文字が途切れたり、ほかの図形とのバランスが崩れたりして困ることがある。そこで、図形のサイズがセルのサイズに左右されないようにする方法を紹介しよう。

> ❶列幅を縮めると、❷初期設定では図形も縮小されてしまう。この設定を変えるには、❸図形を選択して、❹「書式」タブの❺「サイズ」の右下の小さなボタンをクリックし、❻「プロパティ」欄で❼「セルに合わせて移動するがサイズ変更はしない」を選択する。

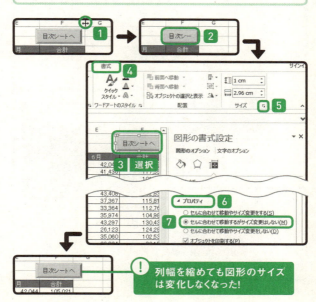

! 列幅を縮めても図形のサイズは変化しなくなった!

166 画像の不要な部分を取り除くには

画像の不要な部分を取り除くことを「トリミング」と呼ぶ。画像の八方に表示されるハンドルをドラッグするだけで、画像の周囲を簡単に切り落とせる。

> ■画像をクリックして選択。■「書式」タブの■「トリミング」をクリックし、■画像の角のL字型のハンドルをドラッグして不要部分を取り除く。最後に、■セルをクリックしてトリミングを終了する。

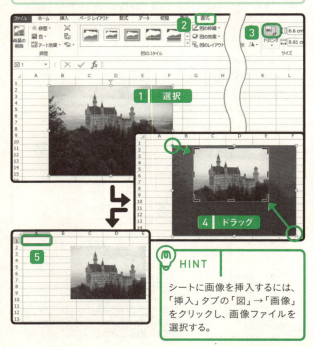

HINT

シートに画像を挿入するには、「挿入」タブの「図」→「画像」をクリックし、画像ファイルを選択する。

167 ウェブ上の地図をシートに取り込む

「スクリーンショット」を使うと画面の表示内容を画像として取り込める。ウェブで検索した地図を案内書に取り込みたいときなどに重宝する。

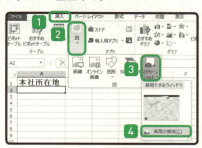

あらかじめウェブブラウザーで地図を表示し、ほかのウィンドウは最小化しておく。■1「挿入」タブの■2「図」→■3「スクリーンショット」→■4「画面の領域」をクリックする。

ウェブブラウザーに切り替わり、画面の色が薄くなる。■5必要な部分をドラッグすると、その部分だけ色が浮かび上がり、シートに画像として貼り付けられる。

地図を取り込めた!

| 第 6 章 |

大量の顧客も一括管理!
データの管理と分析

顧客データや売上データを記録するだけでなく、貯めたデータを有効活用するといった"ひとつ上"の技も覚えていきましょう。
「並べ替え」で日付順の売上データを支店名順や売上高順に並べ替える。「オートフィルター」で必要なデータを瞬時に抽出する──。
シートに貯められたデータは、今後の業務を改善していくための"宝"になります！

168 特定の文字が入力されているセルを検索するには

大量のデータの中から目で追って目的のデータを探すのは非効率的だ。「検索」機能を利用してササッと探そう。

1「ホーム」タブの2「検索と選択」→3「検索」をクリックする。「検索と置換」画面が表示されたら、4「検索する文字列」欄に検索する文字を入力し、5「次を検索」をクリックすると、6該当のセルが選択される。「次を検索」をクリックするごとに、次の該当セルが選択される。

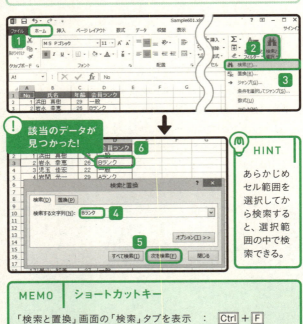

該当のデータが見つかった!

HINT

あらかじめセル範囲を選択してから検索すると、選択範囲の中で検索できる。

MEMO　ショートカットキー

「検索と置換」画面の「検索」タブを表示　：　Ctrl + F

169 特定の文字を一気に別の文字に置き換える

「置換」機能を使うと、特定の文字列を探して、別の文字列に置き換えることができる。ここでは、「会員ランク」欄に入力された「一般」を「Cランク」に置き換えてみる。

1 「会員ランク」欄を選択する。2 「ホーム」タブの 3 「検索と選択」→ 4 「置換」をクリックする。「検索と置換」画面が表示されたら、5 「検索する文字列」欄に「一般」、6 「置換後の文字列」欄に「Cランク」と入力して、7 「すべて置換」をクリックすると、「会員ランク」欄の「一般」がすべて「Cランク」に変わる。

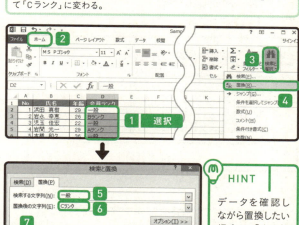

HINT

データを確認しながら置換したい場合は、「次を検索」をクリックして検索し、置換するなら「置換」をクリック、しないなら「次を検索」をクリックする。

MEMO　ショートカットキー

「検索と置換」画面の「置換」タブを表示　Ctrl + H

170 並べ替えやオートフィルターを成功させる表の作り方

エクセルには「並べ替え」「オートフィルター」「ピボットテーブル」などのデータベース機能がある。これらの機能をスムーズに利用するには、次のルールに従って表を作成しておく必要がある。

●データベース作成のルール

A 先頭行に項目名を入力し、データ行とは異なる書式を設定する。
B 表の隣の行や列に何も入力しない。
C 1行に1件ずつデータを入力する。

	A	B	C	D	E
1	No	氏名	購入額		
2	1	浜田 真樹	¥6,800		
3	2	岩永 幸恵	¥37,000		
4	3	児玉 佳宏	¥24,700		
5	4	岩間 光一	¥87,300		
6	5	本橋 和久	¥14,900		
7					
8					
9					

COLUMN　データベース

「データベース」とは、一定の規則にしたがって整理されたデータの集まりのこと。エクセルには、データベースの並べ替え、抽出、集計といった機能が備わっており、それらを「データベース機能」と呼ぶ。上記の「データベース作成のルール」にしたがって作成された表なら、データベース機能をスムーズに使用できる。

171 大きい順や小さい順にササッと並べ替えるには

データの整理に並べ替えは欠かせない。並べ替えの操作は至って簡単。並べ替えの基準の列を指定して、小さい順なら「昇順」、大きい順なら「降順」ボタンを押すだけだ。

> 1 並べ替えの基準となる列（ここでは「年間購入額」）のセルを1つ選択しておく。2「データ」タブの 3「降順」をクリックすると、「年間購入額」の数値の大きい順に表が並べ替えられる。「昇順」をクリックすれば、小さい順に並べ替えられる。

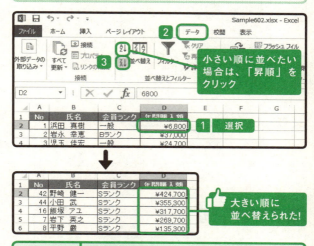

COLUMN　昇順と降順

昇順とは数値の小さい順、日付の古い順、アイウエオ順、アルファベット順のことで、降順はその逆だ。漢字の場合、標準ではふりがなのアイウエオ順に並べ替えられる。

172 複数の条件で並べ替えるには

名簿を年齢の高い順に並べ替え、同じ年齢の場合は「シメイ」のアイウエオ順で並べ替えたい……。こんなときは、「並べ替え」画面を使って、複数の並べ替えの条件を優先順の高い順に設定しよう。

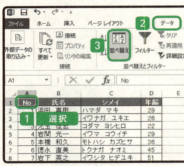

ここでは、「年齢」の降順、「シメイ」の昇順で並べ替えてみよう。並べ替える表のセルを1つ選択して、2「データ」タブの3「並べ替え」をクリックする。

「並べ替え」画面が表示されたら、4「最優先されるキー」欄で「年齢」「値」「降順」を指定する。これは、「年齢の値の大きい順」を意味する。5次に、「レベルの追加」をクリックする。

「次に優先されるキー」欄が追加されるので、6「シメイ」「値」「昇順」を指定する。これは、「シメイの値のアイウエオ順」を意味する。7最後に、「OK」をクリックする。

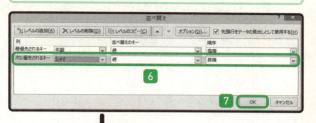

年齢の降順で並べ替えられた！

同じ年齢の中では、シメイのアイウエオ順に並べ替えられる

HINT

手順1で表内のセルを1つ選択すると、選択したセルを含むデータの範囲が、並べ替えの範囲として自動認識される。また、表の先頭行に2行目以降とは異なる書式を付けておくと、先頭行が項目名と認識され、「並べ替え」画面の右上にある「先頭行をデータの見出しとして使用する」に自動でチェックが付き、先頭行は並べ替えから除外される。

COLUMN｜元の並び順に戻すには

並べ替えの直後なら、クイックアクセスツールバーの「元に戻す」ボタンで元の並び順に戻せる。
あとからいつでも元の並び順に戻せるようにするには、あらかじめ表内に連番の列を用意しておくとよい。連番の列を基準に昇順で並べ替えれば、元の並び順になる。

173 オリジナルの順序で並べ替えるには

「会員ランク」欄のデータを「Sランク、Aランク、Bランク、Cランク」と並べたいが、「昇順」や「降順」では「Sランク」の順序がずれてしまう。データを自分の思い通りの順序で並べ替えるには、あらかじめ「ユーザー設定リスト」に並び順を登録してから、並べ替えを行おう。

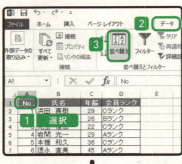

25(P40)を参考に、あらかじめユーザー設定リストに「Sランク、Aランク、Bランク、Cランク」の順序を登録しておく。１並べ替える表のセルを1つ選択して、２「データ」タブの３「並べ替え」をクリックする。

「並べ替え」画面の４「最優先されるキー」欄で「会員ランク」「値」を選択し、５「順序」欄から「ユーザー設定リスト」を選択する。

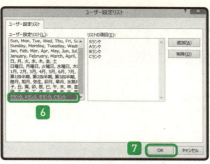

「ユーザー設定リスト」画面が開くので、6「ユーザー設定リスト」欄から「Sランク,Aランク…」を選択し、7「OK」をクリックする。

8「並べ替え」画面の「順序」欄に「Sランク,Aランク…」と表示されたことを確認して、9「OK」をクリックすると、表が「Sランク,Aランク…」の順序で並べ替えられる。

第6章 データの管理と分析

「Sランク、Aランク…」の順に並んだ!

174 オートフィルターを設定するには

エクセルには、表のデータを抽出するための「オートフィルター」という便利機能がある。ここでは、表にオートフィルターを設定する方法を紹介する。

1 表内のセルを1つ選択して、**2**「データ」タブの **3**「フィルター」をクリックする。すると、表の先頭行に「▼」ボタンが表示され、データ抽出の準備が整う。

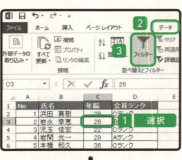

HINT

再度、表内のセルを選択して、「データ」タブの「フィルター」をクリックすると、「▼」ボタンが非表示になり、オートフィルターを終了できる。

項目名のセルに「▼」ボタンが表示された!

COLUMN　表をデータベース形式にしておく

オートフィルターを使用するには、170（P208）で紹介した「データベース作成のルール」にしたがって表を作成しておく必要がある。

175 特定の項目だけを抽出するには

「会員ランク」欄に「Sランク」と入力されている会員のデータを抽出してみよう。「▼」ボタンをクリックして、一覧から「Sランク」を選べば即座に抽出できる。

ここでは、「会員ランク」が「Sランク」であるデータを抽出する。174（P.214）を参考にオートフィルターを設定しておく。❶「会員ランク」のセルの「▼」ボタンをクリックすると、「会員ランク」欄のデータが一覧表示される。❷「Sランク」だけを選択して、❸「OK」をクリックする。

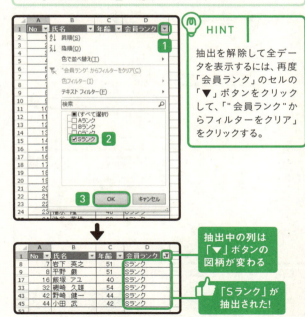

HINT

抽出を解除して全データを表示するには、再度「会員ランク」のセルの「▼」ボタンをクリックして、"会員ランク"からフィルターをクリア」をクリックする。

抽出中の列は「▼」ボタンの図柄が変わる

「Sランク」が抽出された！

第6章 データの管理と分析

176 「○○」で始まるデータを抽出するには

文字データの列では、「テキストフィルター」を利用すると、「○○を含む」「○○を含まない」「○○で始まる」「○○で終わる」といった抽出が簡単に行える。

> ここでは、「居住地区」が「千葉県」で始まるデータを抽出する。1「居住地区」のセルの「▼」ボタンをクリックし、2「テキストフィルター」→3「指定の値で始まる」をクリックする。

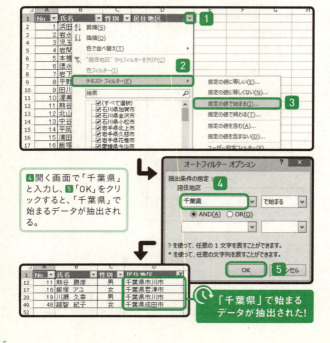

> 4 開く画面で「千葉県」と入力し、5「OK」をクリックすると、「千葉県」で始まるデータが抽出される。

「千葉県」で始まるデータが抽出された!

177 「○以上△以下」のデータを抽出するには

数値データの列では、「数値フィルター」を利用すると、「○より大きい」「○に等しくない」「○以上△以下」といった抽出が簡単に行える。

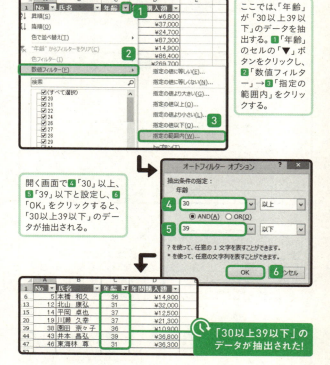

ここでは、「年齢」が「30以上39以下」のデータを抽出する。1「年齢」のセルの「▼」ボタンをクリックし、2「数値フィルター」→3「指定の範囲内」をクリックする。

開く画面で4「30」以上、5「39」以下と設定し、6「OK」をクリックすると、「30以上39以下」のデータが抽出される。

「30以上39以下」のデータが抽出された！

第6章 データの管理と分析

178 購入額トップ3の優良顧客を抽出するには

数値の大きい順や小さい順に「○件」のデータを抽出するには「トップテンオートフィルター」の機能を使用する。

ここでは、「年間購入額」が大きい順に3件のデータを抽出する。**1**「年間購入額」のセルの「▼」ボタンをクリックし、**2**「数値フィルター」→**3**「トップテン」をクリックする。**4**開く画面で「上位」「3」「項目」となるように設定し、**5**「OK」をクリックすると、「年間購入額」のトップ3が抽出される。必要に応じて、別途並べ替えを行おう。

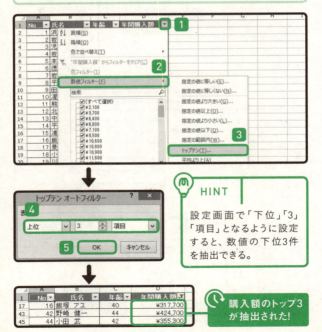

HINT

設定画面で「下位」「3」「項目」となるように設定すると、数値の下位3件を抽出できる。

購入額のトップ3が抽出された!

179 複数の列で抽出を行うには

「年齢が30代、かつ会員ランクがBランク」の会員を抽出するには、「年齢」の列と「会員ランク」の列のそれぞれで抽出を行えばよい。

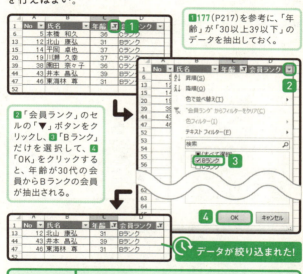

1 177(P217)を参考に、「年齢」が「30以上39以下」のデータを抽出しておく。

2「会員ランク」のセルの「▼」ボタンをクリックし、3「Bランク」だけを選択して、4「OK」をクリックすると、年齢が30代の会員からBランクの会員が抽出される。

データが絞り込まれた！

COLUMN 複数の列の抽出をまとめて解除するには

「データ」タブにある「クリア」をクリックすると、複数の列の抽出をまとめて解除できる。なお、列ごとに抽出を解除する方法は、175(P215)を参照。

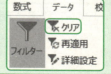

第6章 データの管理と分析

180 テーブルのメリットを教えて!

第3章82(P101)では表の書式設定機能として「テーブル」を紹介したが、実はテーブルは本来データベース機能を活用するためのもの。ここではテーブルのメリットを紹介する。

●表をテーブルに変換するには

表内のセルを1つ選択して、「ホーム」タブの「テーブルとして書式設定」から好みのデザインを選択。開く画面で「OK」をクリックすると、表がテーブルに変換される。詳しくは、82を参照のこと。

! 表がテーブルに変換された!

●抽出や並べ替えを瞬時に行える

テーブルに変換すると、先頭行にオートフィルター用の「▼」ボタンが表示されるので、いつでもすぐに必要なデータを抽出できる。また、通常の表の末尾で合計などを計算すると並べ替えに支障をきたすが、テーブルでは集計行を除外して自動でデータだけを並べ替えることができる。

抽出や並べ替えも簡単!

●データを追加するとテーブルが自動拡張する

1 テーブルのすぐ下の行にデータを追加すると、自動的にテーブルが拡張し、**2** 縞模様の続きの色が設定される。テーブルの中に数式の列がある場合は、**3** 新しい行に自動で数式が入力される。

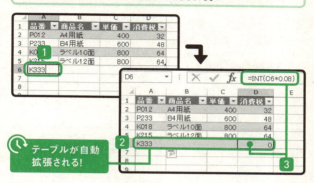

テーブルが自動拡張される!

●テーブル名を数式で利用できる

1 テーブル内のセルを選択すると、**2**「デザイン」タブで**3** テーブル名を確認／設定できる。VLOOKUP関数などの数式の中でデータのセル範囲（ここではセルA2～D5）を指定する際、「A2:D5」の代わりに「テーブル1」と指定できる。テーブルにデータを追加するとテーブルが自動拡張し、新しい行が「テーブル1」に含まれるので、数式を修正せずに済む。

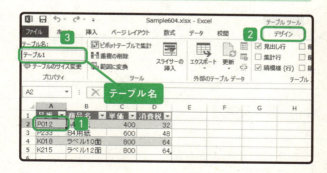

181 各シートに作成した表を1つの表に統合したい！

別シートに作成した項目の異なる表を1つの表にまとめたい。
「統合」機能を使用すれば、自動で1つにまとめられる。

「中央店」シートと「港北店」シートに売上表がある。「かけ」「きつね」「たぬき」は両店舗にあるが、「月見」「おかめ」は中央店、「山菜」は港北店のみにある。共通する商品の売上を合計しながら、2つの表のすべての商品を「統合」シートにまとめてみよう。まず、**1**「統合」シートで**2**統合先のセルを選択して、**3**「データ」タブの**4**「統合」をクリックする。

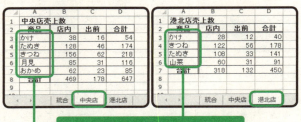

項目の異なる2つの表を1つにまとめたい

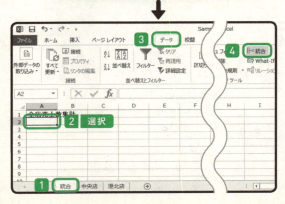

5 集計方法として「合計」を選択。**6**「統合元範囲」欄の中をクリックしてカーソルを表示し、「中央店」シートの表全体（ここではセルA2〜D8）をドラッグして、**7**「追加」をクリック。すると、**8**「統合元」欄に「中央店」の表のセル範囲が追加される。

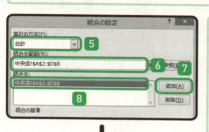

9 同様に「港北店」の表の範囲を追加しておく。**10** 統合の基準として、「上端行」と「左端列」にチェックを付けて、**11**「OK」をクリックする。すると、各表の上端行と左端列から項目が漏れなく取り出され、表が統合される。必要に応じて罫線などの書式を設定しておこう。

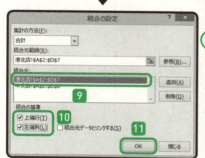

HINT

統合した表は元のデータとは切り離され、元の表で修正があっても、反映されない。なお、左図の画面で「統合元データとリンクする」をオンにして統合すると、統合した表に元のデータの修正が反映される。

	A	B	C	D
1	全店売上数集計			
2		店内	出前	合計
3	かけ	66	28	94
4	きつね	278	118	396
5	たぬき	236	79	315
6	山菜	60	31	91
7	月見	85	31	116
8	おかめ	62	23	85
9	合計	787	310	1,097

各表の上端と左端から項目が取り出され、データが統合された！

182 ピボットテーブルを作成するには

「ピボットテーブル」とは、何百、何千とあるデータから一瞬のうちに集計表を作成する魔法の機能だ。ピボットテーブルで集計するには、「土台の作成」と「集計項目の配置」の2段階の操作が必要。ここでは「土台の作成」を説明する。

● ピボットテーブルの概要

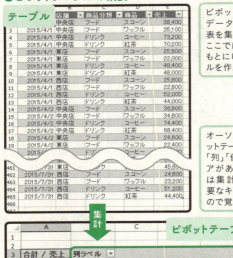

ピボットテーブルは、データベース形式の表を集計する機能だ。ここでは、テーブルをもとにピボットテーブルを作成する。

オーソドックスなピボットテーブルには、「行」「列」「値」の3つのエリアがある。これら3つは集計するうえで重要なキーワードになるので覚えておこう。

●ピボットテーブルの土台を作成する

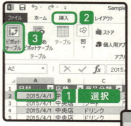

ピボットテーブルの土台を作成しよう。❶テーブル内のセルを1つ選択して、❷「挿入」タブの❸「ピボットテーブル」をクリックする。❹開く画面でテーブル名を確認し、❺「OK」をクリックする。

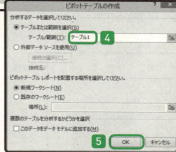

新しいシートが追加され、❻ピボットテーブルの土台が作成される。❼画面右にはテーブルの先頭行にある項目名が一覧表示される。

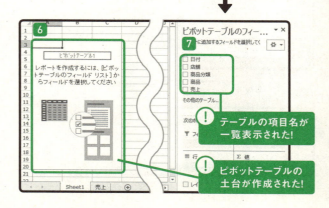

! テーブルの項目名が一覧表示された!

! ピボットテーブルの土台が作成された!

183 ピボットテーブルに項目を配置して集計するには

ピボットテーブルの土台が作成できたら（182〈P224〉参照）、次に集計項目を配置する。元のテーブルのどの項目を、ピボットテーブルのどのエリアに配置すれば目的の集計が行えるのか、イメージしながら操作すれば簡単だ。

● 集計項目の配置の概要

> ピボットテーブルで集計を行う前に、集計の流れをつかんでおこう。
>
> ■1 集計項目を配置する
> フィールドリスト上部に一覧表示される項目名を、下部の配置エリアの「行」「列」「値」にそれぞれ配置する。
>
> ■2 集計が行われる
> 配置エリアの「行」「列」「値」の項目がそれぞれピボットテーブルの「行」「列」「値」エリアに配置され、集計が行われる。

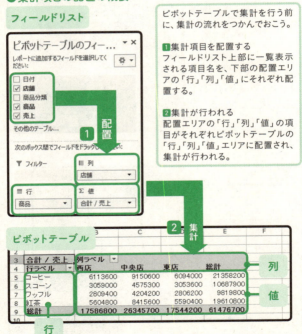

●集計項目を配置して集計する

ピボットテーブル内のセルを選択すると、フィールドリストが表示される。**1** 上部にある「商品」を「行」にドラッグして配置すると、**2** ピボットテーブルの「行」に商品名が表示される。**3** 同様に「店舗」を「列」に配置すると、**4** ピボットテーブルの「列」に店舗名が表示される。

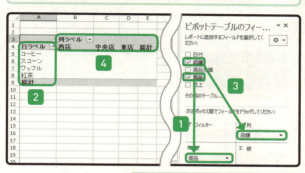

さらに、**5**「売上」を「値」に配置すると、**6** ピボットテーブルで商品別店舗別に売上が集計される。

HINT

集計元のテーブルのデータを修正したときは、ピボットテーブル内のセルを選択して、「分析」タブ(エクセル2010では「オプション」タブ)にある「更新」ボタンをクリックすると、集計結果に反映できる。

! 商品別店舗別に売上を集計できた!

| 第 **7** 章 |

細かいところで差がつく
印刷とファイル管理

データをプリントするときは、用紙1枚にバランスよく印刷したり、ページ番号を入れたりして見やすさに気を配りましょう。また、ファイルを受け渡すときは、改ざん防止のために表を編集できないよう設定したり、ファイルにパスワードを付けたりしてセキュリティに配慮します。これらは社会人としての基本であり、最低限のマナーでもあります。

184 印刷を実行するには

初めて印刷する書類は、必ず事前に印刷プレビューをチェックして、印刷の失敗を防ごう。

●印刷を実行する

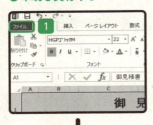

1「ファイル」タブをクリックして、2「印刷」をクリック。3 印刷プレビューを確認して、問題がないようなら 4「印刷」をクリックして印刷する。問題がある場合は、5「←」ボタンをクリックして元の画面に戻る。エクセル2010の場合は、再度「ファイル」タブをクリックして元の画面に戻る。

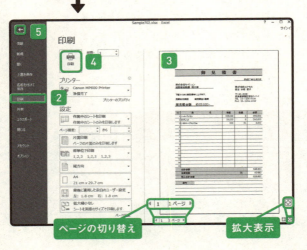

●印刷プレビューの確認が大切

①「標準」表示でセルや図形に収まっていたはずが、②印刷プレビューで確認すると、文字列の末尾が欠けたり、数値や日付が「####」と表示されることがある。実は、「標準」表示は編集機能重視の表示モードなので正確な画面表示が苦手だ。印刷前に必ず印刷プレビューをチェックしよう。

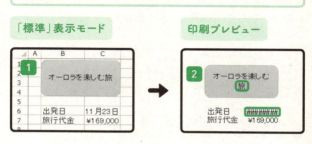

「標準」表示モード / 印刷プレビュー

185 印刷やプレビュー表示をワンタッチで実行したい

第1章03（P22）を参考にクイックアクセルツールバーに「クイック印刷」ボタンを追加しておくと、ワンクリックで即座に印刷を実行できる。また、「印刷プレビューと印刷」を追加しておくと、ワンクリックで印刷プレビュー画面を表示できる。

第7章 印刷とファイル管理

186 シート上の一部の表だけを印刷するには

シート上の一部の表だけを印刷したいことがある。印刷したい表を選択して、「選択した部分を印刷」を実行すれば簡単に印刷できる。

[1] 印刷したい範囲を選択して、[2] 184(P230)を参考に印刷画面を開く。[3]「選択した部分を印刷」を選んで印刷する。

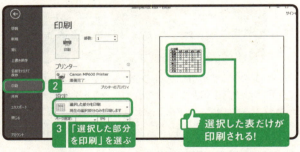

選択した表だけが印刷される！

COLUMN 常に一部の表だけを印刷するには

表を選択して「ページレイアウト」タブの「印刷範囲」→「印刷範囲の設定」をクリックすると、表が印刷範囲として設定される。以降、印刷時に手順[3]を行わなくても、印刷範囲の表だけが自動で印刷される。

187 複数のシートをまとめて印刷したい

第2章53（P72）を参考に、複数のシートを選択する。その状態で印刷すれば、選択したシートをまとめて印刷できる。各シートにページ番号が設定してある場合は、通しのページ番号が印刷されるので便利だ。

選択したシートをまとめて印刷できる！

188 ブック内の全シートをまとめて印刷したい

「印刷」画面で「ブック全体を印刷」を選択して印刷すると、ブック内の全シートをまとめて印刷できる。

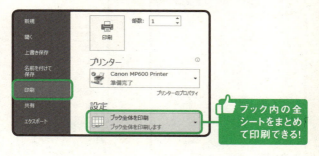

ブック内の全シートをまとめて印刷できる！

189 用紙の中央にバランスよく印刷するには

表を印刷したときに用紙の端に偏ってしまうと、せっかくつくった表が台無しになりかねない。用紙の中央にバランスよく印刷されるように設定しよう。

> 1 印刷プレビューで確認すると、表が用紙の端に偏りバランスが悪い。中央に印刷するには、2「ページ設定」をクリックする。

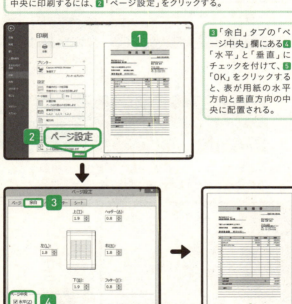

> 3「余白」タブの「ページ中央」欄にある 4「水平」と「垂直」にチェックを付けて、5「OK」をクリックすると、表が用紙の水平方向と垂直方向の中央に配置される。

用紙の中央に印刷できる！

190 B4に合わせてつくった表をA4用紙1枚に印刷するには

取引先から受け取ったのはB4サイズの表、しかし自社のプリンターの最大サイズはA4用紙……。用紙1枚に印刷したいなら、用紙サイズをA4用紙に変更して、「横1ページ×縦1ページ」の設定をして印刷しよう。

■1「ページレイアウト」タブの■2「サイズ」ボタンをクリックして、■3「A4」をクリック。これで、表がA4サイズで印刷される設定になる。

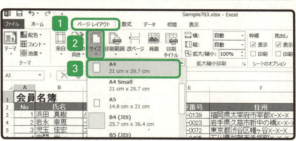

続いて、■4「横」欄で「1ページ」、「縦」欄で「1ページ」を選択。印刷すると、表の縦横の両方がA4用紙1ページに収まるように縮小印刷される。

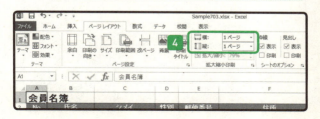

第7章 印刷とファイル管理

191 わずかなはみ出しを阻止！余白調整と自動縮小印刷

最終列が2ページ目にはみ出してしまうことがある。なるべく印刷倍率を下げたくないなら、列幅と余白の調整を試みよう。手っ取り早く用紙1枚に収めたいなら自動縮小印刷もできる。

●余白を調整する

「ページレイアウト」表示では、データとのバランスを見ながら余白を調整できる。ルーラー上で余白の境目にポインターを合わせ、1「左余白」、2「右余白」などと表示されたらドラッグして調整する。

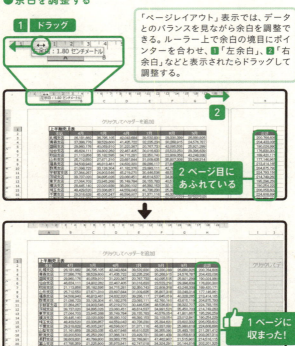

> **COLUMN　余白を正確に数値で指定するには**
>
> 189（P234）の要領で「ページ設定」画面の「余白」タブを開くと、「上」「下」「左」「右」の余白をセンチメートル単位の数値で指定できる。

●自動縮小印刷を設定する

> ❶「ページレイアウト」タブの❷「横」欄で「1ページ」、「縦」欄で「1ページ」を選択すると、表の縦横の両方が用紙1ページに収まるように縮小印刷される。

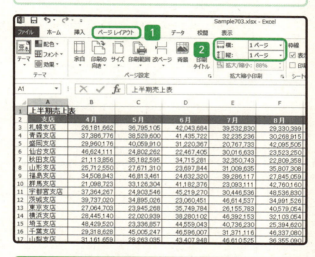

> **COLUMN　横幅だけ1ページに収めるには**
>
> 「ページレイアウト」タブの「横」で「1ページ」を選択し、「縦」は初期設定の「自動」のままにして印刷すると、横幅が1ページにピッタリ収まるように縮小率が設定される。縦方向はデータ数に応じて複数ページ印刷される。

192 区切りのよい位置でページを分けるには

複数ページにわたる大きな表では、区切りのよい位置でページを分けるとグンと見やすくなる。「改ページプレビュー」表示を利用すれば、ページの境目を簡単に変えられる。

● 改ページ位置を移動する

「表示」タブの「改ページプレビュー」をクリックして表示モードを切り替えると、■1 改ページの位置が青い破線で表示される。■2 この破線にポインターを合わせ、双方向矢印になったらドラッグすると、改ページ位置を移動できる。改ページ位置を手動で移動すると、改ページの破線は実線に変わる。

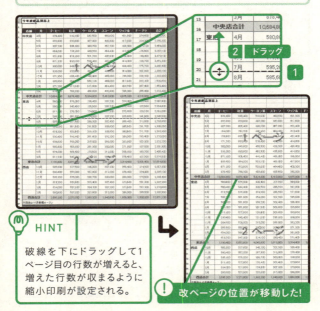

改ページの位置が移動した!

HINT

破線を下にドラッグして1ページ目の行数が増えると、増えた行数が収まるように縮小印刷が設定される。

●改ページを挿入する

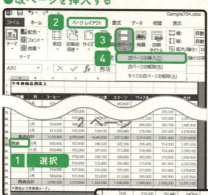

新たにページの区切りを入れたいときは、1 次ページに送る先頭のセルを選択して、2「ページレイアウト」タブの 3「改ページ」→ 4「改ページの挿入」をクリックする。

改ページが挿入された!

COLUMN 印刷したくない行や列を印刷範囲から除外するには

印刷範囲を囲む青い実線を内側にドラッグすると、印刷対象外の行や列を印刷範囲から除外できる。

第7章 印刷とファイル管理

193 2ページ目以降にも見出しを印刷するには

複数ページにわたる大きな表を印刷すると、2ページ目以降に見出しが付かないので、データの意味がわかりづらい。2ページ目以降にも1ページと同じ見出しが印刷されるように、「タイトル行」を設定しよう。

> 1 すべてのページに1〜3行目の見出しを印刷したい。2 「ページレイアウト」タブの 3 「印刷タイトル」をクリックする。4 「ページ設定」画面の「シート」タブが開いたら、5 「タイトル行」欄の中をクリックする。

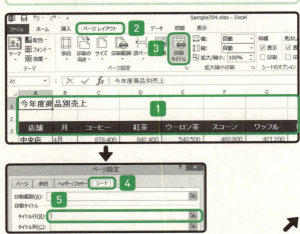

HINT

「ページ設定」画面を「ファイル」タブの「印刷」画面から開いた場合、「タイトル行」や「タイトル列」の設定を行えない。これらを設定する場合は、「ページレイアウト」タブのボタンから「ページ設定」画面を開こう。

> 6 ポインターが黒い右向き矢印になるので、見出し行（ここでは1〜3行目）をドラッグして指定する。7「タイトル行」欄に「$1:$3」と入力されたら、8「OK」をクリックする。

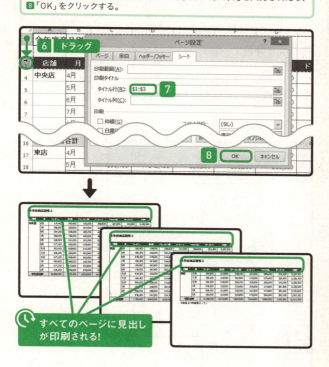

すべてのページに見出しが印刷される！

COLUMN　横長の表では「タイトル列」を指定する

「ページ設定」画面の「シート」タブで「タイトル列」を指定すると、指定した列をすべてのページに印刷できる。

194 ページの余白にページ番号などを印刷するには

用紙の上余白を「ヘッダー」、下余白を「フッター」と呼ぶ。ヘッダーとフッターは左、中央、右の3つの領域に分かれており、それぞれに印刷内容を指定できる。いずれかのページで指定すれば、すべてのページの余白に印刷される。

● 印刷内容を選択肢から選ぶ

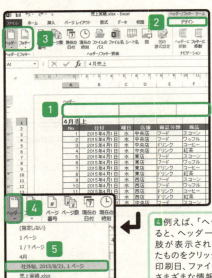

「表示」タブの「ページレイアウト」をクリックして「ページレイアウト」表示に切り替える。 ❶ ヘッダーまたはフッターの領域をクリックすると、❷ ヘッダー／フッター編集用の「デザイン」タブが表示される。❸「ヘッダー」または「フッター」ボタンをクリックする。

❹ 例えば、「ヘッダー」をクリックすると、ヘッダーの印刷内容の選択肢が表示されるので、❺ 気に入ったものをクリックする。ページ番号、印刷日、ファイル名、シート名など、さまざまな情報を印刷できる。

6 ヘッダーの各エリアに印刷日やページ番号などが表示される。不要な情報が含まれる場合は、選択して「Delete」キーを押すと削除できる。

●ページ番号を手動で挿入する

1 ページ番号を印刷する枠内をクリックし、「P.」と入力する。続いて、2「デザイン」タブの3「ページ番号」ボタンをクリックする。

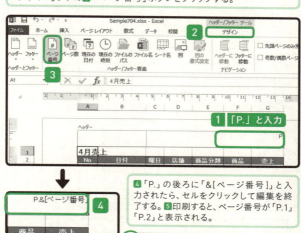

4 「P.」の後ろに「&[ページ番号]」と入力されたら、セルをクリックして編集を終了する。5 印刷すると、ページ番号が「P.1」「P.2」と表示される。

HINT

手順4のあと、「 / 」と入力して「デザイン」タブの「ページ数」ボタンをクリックすると、ヘッダーに「P.&[ページ番号] / &[総ページ数]」と入力され、「P.1 / 8」「P.2 / 8」のように総ページ数も印刷できる。

195 ひな形を利用して定型文書をサクサク作成！

エクセルの「新規」画面では、マイクロソフトからインターネットを通して提供される文書のひな形をダウンロードできる。見積書、カレンダー、住所録など、多数のひな形が用意されており、自分でイチからつくるより断然効率的だ。

「ファイル」タブをクリックして、1「新規」をクリックし、2キーワード（ここでは「見積書」）を入力して、3「検索の開始」をクリックする。該当のひな形が一覧表示されるので、4気に入ったものをクリックする。5「作成」をクリックすると、見積書がダウンロードされてファイルが開く。あとは必要に応じて手直しして使用すればよい。

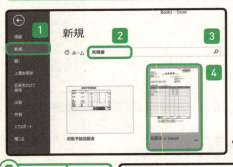

HINT

エクセル2010では「ファイル」タブの「新規作成」をクリックし、開く画面でキーワードを入力して検索する。

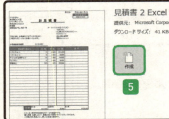

196 転ばぬ先の杖！上書き保存するときに古いブックも残す

バックアップファイルを自動作成する設定にしておくと、ブックを上書き保存するときに、その前に保存したブックが「○○のバックアップ.xlk」というファイル名で同じフォルダーに自動保存される。誤って上書き保存してしまったときや、最新のブックが壊れたときに備えられる。

> 1「F12」キーを押すなどして「名前を付けて保存」画面を開く。2「ツール」をクリックして、3「全般オプション」をクリックする。4 開く画面で「バックアップファイルを作成する」にチェックを付け、5「OK」をクリックする。「名前を付けて保存」画面に戻るので、あとは通常通り保存する。

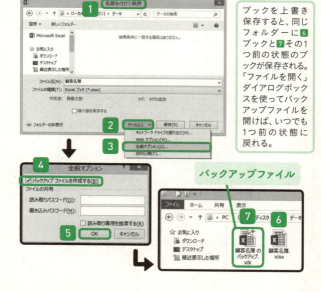

ブックを上書き保存すると、同じフォルダーに 6 ブックと 7 その1つ前の状態のブックが保存される。「ファイルを開く」ダイアログボックスを使ってバックアップファイルを開けば、いつでも1つ前の状態に戻れる。

第7章 印刷とファイル管理

197 テキストファイルをエクセルで開くには

テキストファイルでデータを受け取ったときは、エクセルで開くと、集計やグラフ化などデータの利用方法が広がる。開くときに、テキストウィザードが自動的に起動し、種々の指定を行いながらエクセルのシートにデータを取り込める。

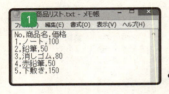

1 ここで使用するテキストファイル（拡張子「.txt」）は、各行のデータがカンマ「,」で区切られているものとする。

2「ファイル」タブの「開く」をクリックして（さらにエクセル2019/2016では「参照」を、エクセル2013では「コンピューター」→「参照」をクリックする）、「ファイルを開く」画面を表示する。3「ファイルの種類」をクリックして「テキストファイル」を選ぶ。あとは通常通り、4 保存場所と 5 ファイルを指定して、6「開く」をクリックする。

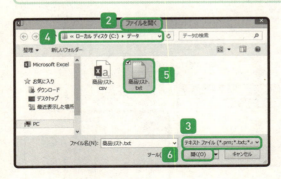

「テキストファイルウィザード」が開始される。7「カンマやタブなどの区切り文字によってフィールドごとに区切られたデータ」を選択して、8「次へ」をクリックする。

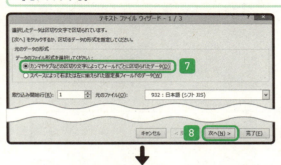

次に、データの区切り方を指定する。9「カンマ」だけにチェックを入れて、10プレビュー欄でデータが正しく区切られていることを確認し、11「次へ」ボタンをクリックする。

HINT

手順9では、区切り文字を選ぶ。今回は、データがカンマ「,」で区切られているので「カンマ」を選択した。タブで区切られている場合は、「タブ」を選択すればよい。

第7章 印刷とファイル管理

次に各列のデータ形式を指定する画面が表示されるが、プレビューのデータに問題がなければ特に設定を変更せずに⓬「完了」をクリックする。

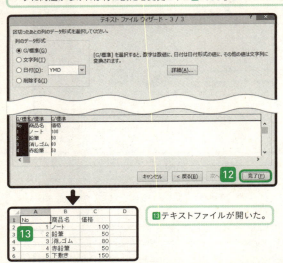

⓭テキストファイルが開いた。

HINT

先頭に「0」を含む数字データがテキストファイルに含まれる場合、エクセルで開くと先頭の「0」が消えてしまう。手順⓬の画面のプレビュー欄で列をクリックして選択し、「列のデータ形式」で「文字列」を選択すると、列のデータが文字列として読み込まれるため、先頭に「0」を付けたまま読み込める。

COLUMN | Excelブック形式で保存する

テキストファイルには書式を保存できないので、色や罫線などを設定した場合は「Excelブック形式」で保存し直すとよい。「F12」キーを押して「名前を付けて保存」画面を開き、「ファイルの種類」から「Excelブック」を選び、あとは通常通り保存する。

198 テキスト形式やCSV形式でデータを保存するには

テキストファイルやCSVファイルはデータだけを含み、書式などの余分な情報は持たない単純な構造なので、アプリケーション間のデータの受け渡しによく利用される。ここでは、テキストファイルを例にデータの保存方法を紹介する。

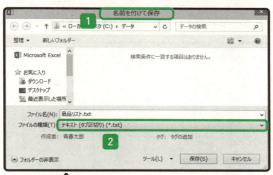

1「F12」キーを押すなどして「名前を付けて保存」画面を開く。2「ファイルの種類」から「テキスト(タブ区切り)」を選んで保存する。確認メッセージで「はい」をクリックすると、3各列のデータがタブで区切られてテキストファイル(拡張子「.txt」)に保存される。

HINT

手順2で「テキスト(タブ区切り)」の代わりに「CSV(カンマ区切り)」を選ぶと、CSVファイル(拡張子「.csv」)に保存できる。CSVファイルでは、各列のデータがカンマ「,」で区切られる。ちなみに、CSVファイルの拡張子を「.txt」に変更すれば、カンマ区切りのテキストファイルを作成できる。

199 PDF形式で保存するには

エクセルで作成した表やグラフを、パソコン環境のわからない相手に渡すときは、PDF形式で保存して渡すとよい。PDFファイルなら、相手のエクセルの有無や使用している機器に左右されずに閲覧してもらえる。PDFファイルにはシートの印刷イメージが保存されるので、あらかじめ印刷プレビューを確認して印刷の設定を調整してから保存しよう。

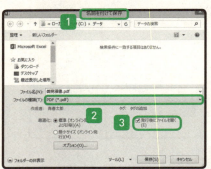

1「F12」キーを押すなどして「名前を付けて保存」画面を開き、2「ファイルの種類」をクリックして「PDF」を選ぶ。あとは通常通り保存する。

保存する際に、3「発行後にファイルを開く」にチェックを入れると、4保存後に自動的にPDFファイルが開く。なお、内容を修正したいときは、元のブックを修正して、再度PDF形式で保存し直す。

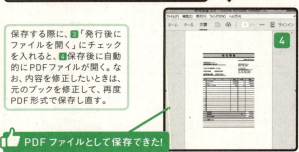

👍 PDFファイルとして保存できた!

200 データの勝手な変更を阻止したい!

「シートの保護」を設定すると、シート上のすべてのセルにロックがかかり、データの編集ができなくなる。そのため、データをうっかり書き換えてしまう心配がなくなる。また、パスワードを設定しておけば、意図的な編集も阻止できる。

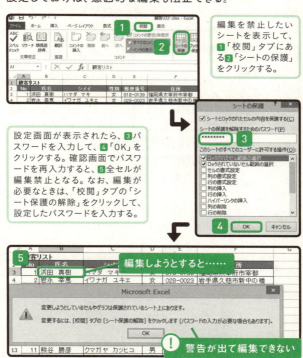

編集を禁止したいシートを表示して、1「校閲」タブにある2「シートの保護」をクリックする。

設定画面が表示されたら、3パスワードを入力して、4「OK」をクリックする。確認画面でパスワードを再入力すると、5全セルが編集禁止となる。なお、編集が必要なときは、「校閲」タブの「シート保護の解除」をクリックして、設定したパスワードを入力する。

! 警告が出て編集できない

201 入力欄は編集可、それ以外は編集不可にしたい！

見積書や請求書など、データを書き換えて使い回す文書では、入力欄以外の見出しや数式を誤って消してしまわないようにしたい。何の準備もしないまま「シートの保護」を設定するとシート上の全セルがロックされるので、入力欄で入力できなくなってしまう。「シートの保護」を設定する前に、準備として入力欄のロックをオフにしておこう。

見積書の入力欄だけ編集可、あとは編集不可にしたい。まず、■1 入力欄を選択して、■2「Ctrl」+「1」キーを押す。もしくは、右クリックして「セルの書式設定」を選ぶ。

■2 「Ctrl」+「1」キー

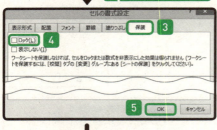

開く画面の■3「保護」タブで■4「ロック」のチェックを外し、■5「OK」をクリックする。

続いて、■6「校閲」タブの■7「シートの保護」をクリックする。

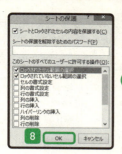

設定画面が表示されたら、8「OK」をクリックする。すると、入力欄は自由に編集でき、それ以外のセルは編集が禁止される状態になる。

HINT

見出しの文字や数式が誤って書き換えられてしまうのを防ぐことが目的なら、パスワードの設定は不要だ。意図的な書き換えを禁止したい場合は、パスワードを設定しておこう。

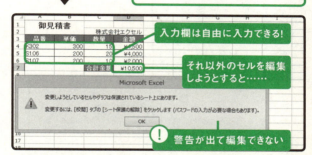

入力欄は自由に入力できる!

それ以外のセルを編集しようとすると……

警告が出て編集できない

COLUMN　見出しや数式を編集するには

見出しや数式を修正する必要が発生したときは、「校閲」タブの「シート保護の解除」をクリックすると、シートの保護を解除して全セルが編集可の状態になる。修正が済んだら、忘れずに「シートの保護」を再設定しておこう。なお、設定時にパスワードを指定した場合は、パスワードを入力しないと解除できない。

第7章 印刷とファイル管理

202 ブックにパスワードを付けて部外者の閲覧を禁止したい！

部外者に見られたくないブックには、パスワードを設定しておこう。正しいパスワードを入れない限り、ブックを開けなくなる。パスワードを忘れると自分も開けなくなるので注意しよう。

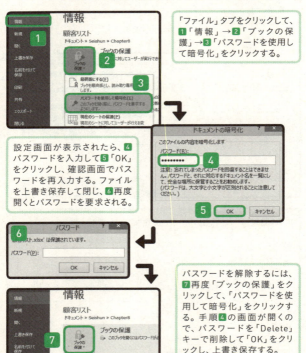

「ファイル」タブをクリックして、1「情報」→2「ブックの保護」→3「パスワードを使用して暗号化」をクリックする。

設定画面が表示されたら、4パスワードを入力して5「OK」をクリックし、確認画面でパスワードを再入力する。ファイルを上書き保存して閉じる。6再度開くとパスワードを要求される。

パスワードを解除するには、7再度「ブックの保護」をクリックして、「パスワードを使用して暗号化」をクリックする。手順4の画面が開くので、パスワードを「Delete」キーで削除して「OK」をクリックし、上書き保存する。

青春文庫

超ラク！速ワザ！
エクセルの一発解決術

2019年12月20日 第1刷

著　者　きたみあきこ
発行者　小澤源太郎
責任編集　株式会社プライム涌光
発行所　株式会社青春出版社

〒162-0056　東京都新宿区若松町 12-1
電話 03-3203-2850（編集部）
　　 03-3207-1916（営業部）　　印刷／大日本印刷
振替番号 00190-7-98602　　製本／ナショナル製本
ISBN 978-4-413-09741-3
©Akiko Kitami 2019 Printed in Japan
万一、落丁、乱丁がありました節は、お取りかえします。

本書の内容の一部あるいは全部を無断で複写（コピー）することは
著作権法上認められている場合を除き、禁じられています。

ほんとうのあなたに出逢う　　青春文庫

自分のまわりにいいことがいっぱい起こる本
「幸運」は偶然ではありません！

原田真裕美

自分の魂の声に耳を澄ましていますか？ NYで予約の取れない人気サイキック・カウンセラーがお伝えする、自分で自分を幸せにする方法

(SE-740)

超ラク！速ワザ！エクセルの一発解決術

きたみあきこ

基本入力から関数までをカバー　自分史上最速で仕事が終わるエクセル技を伝授します！

(SE-741)

日本人なら知っておきたい美しい四季の言葉

復本一郎

「桜狩」「山笑う」「蚊遣火」「草いきれ」「風薫る」「ふくら雀」「沫雪」…なんて豊かな表現なんだろう

(SE-742)

※以下続刊